西洋人の「無神論」
日本人の「無宗教」

中村圭志

ディスカヴァー
携書
214

はじめに

平均的な日本人にとってキリスト教には今ひとつ分からないもどかしさがある。神をめぐる教えもピンとこないし、欧米社会における宗教関連ニュースはテロでもない限り日本では報道されないので、そういった点でも縁遠い。

一昔前までは、日本人に神（一神教の神）が分からないことが、何か思想的欠陥のように言う風潮もあった。

しかし、今日、欧米社会では、宗教、とくにキリスト教に無関心あるいは否定的な世代が急伸している。はっきりと「無神論」を名乗る人々が増えてきたのだ。今や欧米社会で二番目に「信者」が多い「宗教」は無神論なのだ。

これは宗教をめぐるセンスが、日本人と欧米人の間でそんなに違いのないものになりつつあることを意味するもののように思われる。日本的無宗教と欧米の無神論には、明らかに呼応するところがある。

しかし、他方また、欧米の論客のように「神はこれこれこういう理由で、存在しない」

とムキになって論証することも、依然として平均的日本人にはピンとこないものなのである。そういう頑張り方が、なんというか、キリスト教っぽい。

欧米でヒット中の無神論は、結局のところ、キリスト教の神学と双子の関係にあるのではあるまいか？


本書は、欧米の無神論と日本の無宗教との微妙にズレた関係を、それぞれの社会の文化的土俵となっているキリスト教と仏教の違いにまでさかのぼって考える試みだ。

第1章では、欧米で快進撃を続ける無神論について、その概要を見ていく。キリスト教映画の話なども交えて、気楽な感じで書いてある。

第2章は、欧米の無神論者が流しているツイッターの楽しみ方ガイドである。そうしたツイートは、面白く、知的で、宗教文化の奥深さ・根深さを感じさせるものである。

第3章では、キリスト教やイスラム教などの一神教がどのようにして生まれたのか、それに対して仏教にはどのような特徴があるのかをまとめた。無神論／無宗教をめぐる西洋と日本のセンスの違いを理解するには、ぜひとも必要なプロセスだからだ。

第4章では、無神論のロジックに本格的に取り組んだ。無神論を超えた懐疑主義的議論一般を視野におさめ、一神教の神のもつ《創造の神》《奇跡の神》《規律の神》という三つの相に沿って議論を整理したところに、類書にない特徴がある。ところどころ難しい議論になるが、なんとなく眺めてくださるだけでもいい。ここを読むことで、無神論の重要さも理解できるし、また日本の宗教風土における無神論の可能性と限界も見えてくるだろう。

そして最後、第5章では、欧米と日本の宗教センスの違いの意味を、無神論から逆に照射することを試みた。ここまで読み進めたとき、欧米と日本の文化の差をめぐって、深く納得していただけるのではないかと思う。

というわけで、本書は無神論――神は無いという議論――のガイドであると同時に、東西文化比較の試論である。

さらに、無神論・無宗教の側からひっくり返しに宗教の種々相を浮き彫りにするという実験でもある。

知的ゲームとして楽しんでいただければと思う。

二〇一九年三月

中村圭志

西洋人の「無神論」日本人の「無宗教」

目次

第2章　盛り上がる無神論ツイッター

第3章　無神論と無宗教を理解するための宗教史

第4章　無神論のロジック

第5章　西洋人の無神論、日本人の無宗教

第1章

無神論——世界の新たなトレンド？

1 「宗教なし」「神なし」が世界で急伸！

欧米における無神論の台頭

二〇一九年の今日、国際ニュースではイスラムが話題となることが多い。中東で続く紛争、欧米でのテロ、などなど。ヨーロッパでイスラム系の移民が増加していることもあって、イスラムが成長株の宗教だという印象がある。そもそも信仰熱心だし、保守的な形で家庭第一を掲げるイスラムでは人口増も大きいからだ。

他方、イスラムほどではないが、キリスト教のほうも福音派とかファンダメンタリストとか呼ばれる超保守系の信者の動向がしばしばニュースになっている。保守的な宗教勢力は二〇一六年のトランプ大統領の当選にも力あったと伝えられている。福音派は韓国やアフリカなどでも活躍中だ。二〇一八年一一月にインド洋の秘境センチネル諸島に乗り込んだ宣教師が現地民に射殺されるという事件があったが、未だに「未開人への伝道」などを夢見ている一九世紀的な熱血漢がいるのがキリスト教だ。

無神論者、世俗主義者、脱ムスリム等々のツイッター。このようなのが無数にある。もちろんブログ、ホームページもあれこれ充実している。

ちなみに、キリスト教全体はリベラルと保守に分裂しつつあり——アメリカやイギリスがグローバル化の恩恵を被る組と「搾取された」と感じる組との「分断」が著しいのにも似た現象だ——リベラルのほうは、不信心者を地獄で脅したりしないものだから、信者の教会離れを食い止められずにいる。しかし、信者も異教徒もどしどし地獄で脅す超保守はますます過激化に磨きをかけつつある。

伝統的に保守的な傾向が強かったカトリックは、今ではけっこうリベラル化しており、たとえば教会内の同性愛問題で未だに保守的な引き締めを説いているフランシスコ教皇も、同性愛という現象そのものは認知しており、彼らに対する伝統的迫害をめぐって信者は謝罪すべきだと言っている。興味深いのは、昔から噂が絶えなかった聖職者による（男児の）性的虐待が実際のところけっこうなパーセンテージに上ることがどんどん暴露されていることだ。こんな矛盾の中で、いったい保守を押し通すのかリベラル化を進めるのか、枢機卿たちも頭が痛いところだろう。

宗教保守が頑張ったり宗教リベラルが悩みを抱えたりしている中、実は、知識人やグローバルに活躍する人、そして若者たちを中心に、現代の欧米社会で急成長しているのは、キリスト教保守でもイスラム教でもなく、無神論ないし無宗教である。つまり、地図の上でキリスト教地域に塗られている欧米社会において、教会に通わないばかりか率先して「神は信じない」と言う人の数が急速に増えつつあるのだ。

先進国の中で飛びぬけて教会出席率が高い「宗教国家」アメリカでも、この十年ほどの間に急速に宗教嫌い、教会嫌いの人が増えている。ピュー・リサーチ・センター（Pew Research Center）の調べでは二〇〇七年のアンケート調査で、合衆国における無宗教の人は人口の一九％だったが、二〇一四年にはそれが二八％にまで急伸した。わずか七年間のこの変動は比率的にかなり急激である。主流派と福音主義のプロテスタントの信者が減少しつつあるようだ。二〇一六年四月二二日のナショナル・ジオグラフィックのネット記事の言い方では、北米とヨーロッパにおける「宗教集団」の上位二番目を占めているのは「無宗教」だということになる。

アメリカにおいては宗教信者のほうがまだまだ多数派であるが、変動が急であることと、ミレニアル世代を中心とする若者たちはもっとずっと無宗教に傾いていることが大きな意味をもつ。年長者に比べて若者が相対的に宗教離れしている——毎日お祈りをしない、宗教が人生で重要だとは思わない、宗教集団に属していない、など——という世代間ギャップがあるというのは、イスラム圏やヒンドゥー圏を含めて世界中の傾向である（ピュー、二〇一八年六月）。

欧州の場合は無宗教者・無神論者の割合はすでにはるかに高い。無宗教と無神論を合わせると、チェコは七三％、ノルウェーは六七％、スウェーデン六四％、フランス六三％、オランダ五六％、オーストリア五三％、ドイツ四八％、ベルギー四一％、デンマーク三一％となっている（ＷＩＮギャラップ等によるまとめ記事。Aida Salihović、二〇一七年）。そのうちスウェーデンははっきりと無神論を選ぶ人の割合が非常に高い（四六％）。なお、オーストラリアは五八％が無宗教ないし無神論である。

宗教離れの理由

こうした宗教離れの原因はいろいろ考えられるが、基本的には、キリスト教など一神教の伝統的規範と現代人の生活や倫理観とが乖離しつつあるということだろう。フェミニズムの伸長やLGBT問題への認識の変化も大きな役割を果たしている。聖書の文化もコーランの文化も、女性に低い地位を充ててきたし、同性愛を根拠なしに「不自然」と見る言説にお墨付きを与えてきた。そこで改めて聖書やコーランを読んでみると、ナチスばりに民族浄化を正当化している箇所があったり、女性の強姦や打擲を神様が薦めている記述があったりと、どう見ても道徳的でない内容が目につくのである。

グローバル化して諸文化が交錯する中、異なる信仰による思想や習慣の違いを邪魔くさく感じるようになるのは当然である。たまたまクリスチャンの家に生まれた子供がキリストを絶対と仰ぐようになり、たまたまムスリムの家に生まれた子供がコーランこそ真理と思うようになるのは、おかしくはないか、と無神論の推進者として知られる生物学者ドーキンスは言う。子供の宗教的訓育が、異教に対する排他的感情を育んでいるという調査結果もある。どの宗教を信じるようになるかは偶然的なものなのに、信じている内容が「神の名において」絶対的であるという点に、大きなギャップがある。現代社会では、共同体

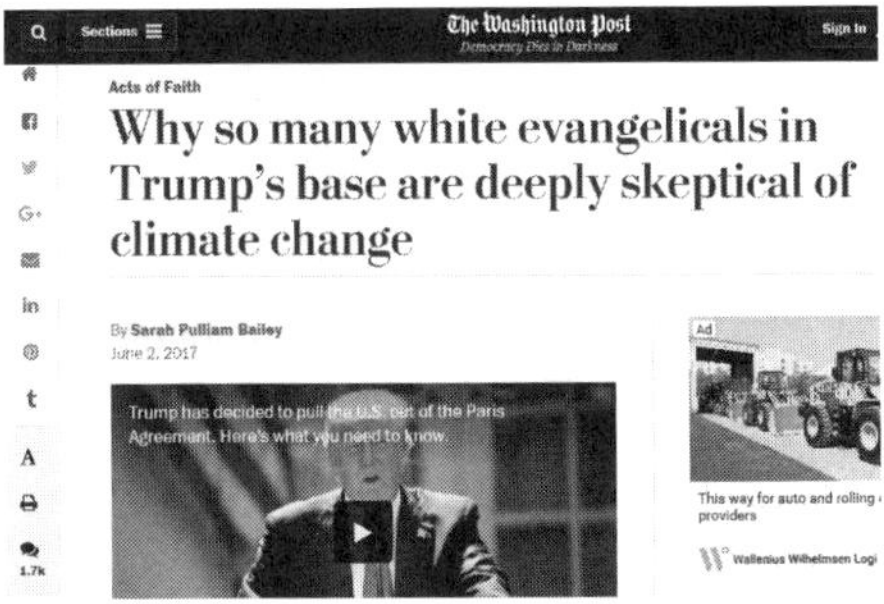

トランプを支持する白人福音派が気候変動に懐疑的であることを報じたワシントンポストのネット記事（2017年6月）。

の成員が漠然とでも信念や価値観を共有することを当然の義務と見る感覚が薄れてきているので、こうした不合理はますます耐え難くなるだろう。

そこへもってきていわゆる原理主義やカルト的信仰の問題がある。ユダヤ教の「超正統派」はもみあげを剃らずに伸ばして三つ編みにしている。エホバの証人は聖書の特殊な読解によって輸血を拒否している。オウム真理教やオサマ・ビン・ラディンは恣意的な救済理論やジハード理念を垂れ流して、若い人間たちにテロを実行させた。

もともと宗教的だったわけでもない不満分子がにわか信心を興してテロに走るのは、伝統宗教のまっとうな信者にとって迷惑な話であろうが、まっとうも何も、そもそも宗教という仕掛けには思考停止を容易に正当化するようなところがありはしないだろうか。その思考停止が犯罪的行為をも

無数にある無神論関係の書籍。「新無神論の四騎士」（ドーキンス、デネット、ヒチンズ、ハリス）の著作や、ヘマント・メータ『若い無神論者のためのサバイバルガイド』、スティーヴ・ウェルズ注解『懐疑主義者向け注釈つき聖書』など。アマゾンではATHEISTと書かれたTシャツも売っている。（著者撮影）

たらせばカルトと呼ばれるが、カルト概念には実ははっきりとした定義があるわけではない。カルトと呼ばれない穏健な宗教といえども、よく聞いてみると反社会的な教理をたくさん含んでいる。穏健な信者といえども、あれこれの不合理な教理に対して思考停止しているのではないか……。

　こうした数々の疑問が人々の間に宗教不信、教会不信を呼び起こす。宗教不信だけで人が無神論者——神の存在をきっぱり否定する立場——になるわけではないが、理論家やイデオローグがちゃんといて、宗教不信の人々をはっきりとした無神論へと導くようになってきた。たとえば学生向けの無神論ガイドブックのようなものが市販されている。聖書の中の奇妙な箇所に注記をつけた無神論者用聖書もある（信仰に誘われたときの反論に使うのであろう）。欧米では宗教への違和感は旗幟を鮮明にした理論闘争へとボルテージを上げる傾向があるわけだ。もともとキリスト教自体が神学など理論的な方面にうるさかったので、それに対抗する側もおのずと理論的にならざるを得ないのだ。

無神論者とネット情報

という次第で、二一世紀になって、一般の人々の間でも無神論が台頭してきたのである。

二〇世紀半ばには哲学者バートランド・ラッセルの無神論が有名であった。八〇年代頃には、天文学者のカール・セーガンが無神論的な立場の啓蒙で有名だった。二一世紀の現在、最もよく知られているのは前述の生物学者リチャード・ドーキンスの『神は妄想である』だ。一神教は天地創造神話をもっているが、キリスト教徒にもイスラム教徒にもこれを字義通りに信じて、したがって地質学も進化論も考古学も信じないトンデモ系の信者が大勢いる。彼らの反進化論は疑似科学すら生み出している。科学者が黙っていられない状況なのである。そうそう、かのホーキング博士も無神論でよく知られており、亡くなったときには、今ごろ地獄の業火で焼かれているなどと宣う狂信的ツイートもあった。

そしてインターネット時代の今日、欧米におけるこうした動向は、イスラム圏やヒンドゥー圏など、アジア社会にもじわじわと影響を及ぼしつつある。というのは、移民などとして無宗教的な欧米社会に定住した者たちの一部が、はっきりと宗教との決別を宣言し、それをネットを通じて世界中に発信しつつあるからだ。

従来、イスラム社会などでは「無宗教」を名乗ることはタブーであったが、今では「元

①

②

③

④

⑤

⑥

⑦

①バートランド・ラッセル（1872〜1970）と現代無神論の先駆的著書『宗教は必要か』（原題は*Why I am not a Christian*）

②天文学の啓蒙書『COSMOS』や懐疑主義の著作で有名な天文学者カール・セーガン（1934〜1996）
©ZUMAPRESS/amanaimages

③無神論的主張で知られる理論物理学者スティーヴン・ホーキング（1942〜2018）　©Science Photo Library/amanaimages

④『神は妄想である』を著した進化生物学者リチャード・ドーキンス（1941〜）　©Science Photo Library/amanaimages

⑤『解明される宗教』を著した無神論的哲学者ダニエル・デネット（1942〜）　©ZUMAPRESS/amanaimages

⑥鋭い筆法の無神論的啓蒙で知られる文芸評論家・ジャーナリストのクリストファー・ヒチンズ（1949〜2011）
©ZUMAPRESS/amanaimages

⑦聖書やコーランの宗教には批判的だがインド哲学や仏教に関心のある認知神経科学者サム・ハリス（1967〜）
©ZUMAPRESS/amanaimages

④〜⑦は「新無神論の四騎士」として知られる。四騎士とはヨハネの黙示録に書かれた世界終末に現れる存在。

イスラム教徒（エクス・ムスリム）」を称する人々が現れている。一説によるとこれは二〇一二年のアラブの春以降の傾向なのだそうだ。コーランに火をつける様子や、聖地メッカで「無神論共和国」と書いた紙をこっそり持っている様子を動画で流したりする者もいる。エジプトのテレビに公然と無神論を唱える若者が出演して、司会者が慌てて若者の発言を遮り、「破壊的な危険思想」だと難じ、同席したイマームも若者に精神病院行きを勧めるというハプニングも起きている（二〇一八年三月、飯山陽、ホウドウキョク記事）。これはイスラム社会の神をめぐるタブーの強さを意味するともいえるが、タブーを打ち破る個人の存在がオンエアされてしまったことに時代の変化の予兆が見てとれるかもしれない。

ちなみに「無神論共和国」（Atheist Republic）というのは、イラン系のカナダ人アーミン・ナヴァビのホームページの名称である。彼はツイッターもやっており、その支持者は全世界に広がっている。ナヴァビは子供時代ガチガチのイスラム教徒だった。彼がなぜ信仰を棄てたのかは、彼の主著 *Why there is no God*（なぜ神は存在しないのか）の終章に書いてある。なお、この本は薄いガイドブックだが、内容は論理的によくできている。この本はペルシャ語版もアラビア語版も出た。

"Atheist Republic"のページに寄せられた賛同者たちの写真

ポピュリズムとしての「宗教復興」はいつまで生き延びるか

二〇世紀後半より、中東やアジアでは、先進諸国の右傾化やナショナリズムに相当する現象として、イスラム教やヒンドゥー教の活性化が注目されてきた。欧州におけるイスラム系移民は、自らのアイデンティティの自覚、差別的な異境における精神的支え、集団の結束による互恵など、種々の理由によって、かえってイスラムの戒律生活に目覚めたりしている。

しかし、こうした傾向がいつまで続くかは何とも言えない。

振り返れば、日本でも、昭和時代には創価学会などの新宗教がすごい勢いで伸びていた。知識人は警戒し、マスコミは揶揄したが、田舎から都会に出てきて底辺レベルで働く人々には、宗教団体に属することによる信者どうしの互恵的な奉仕は有難かった。しかし、二一世紀の現在、新宗教のパワーは目に見えて落ちている。信者の多くは親に従って教団に属しているだけであり、信仰心はどんどん怪しくなっている。

欧米社会におけるイスラム教もまた、世代が替わるにつれて、昭和の日本の新宗教と同様の道をたどる可能性がある。なにせ欧米社会を動かしている原理は——いくら保守化・右傾化が進んでいるとはいえ——やはり宗教抜きの世俗主義的リベラリズムなのであるから、移民たちもその影響を被らざるを得ない。移民増大という形でイスラム社会の重心がヨーロッパ寄りになることは、それだけ信仰が受ける打撃も大きなものになるということを意味する。

格差社会、分断社会になってしまった現代社会では、民主主義の有難みも薄れ、露骨にフェイクニュースや陰謀史などを弄ぶ人々も増えてきた。保守的な宗教やＩＳのような過激な宗教の動向は、そうした反知性主義と連動しているところが大きい。彼らは宗教の保守的な性格に期待を寄せる。信仰が時代の問題を乗り切る新たな制度を生み出すのではないかと。しかし、いくら現代の社会がうまく機能していないからといって、「宗教こそが答えだ」というのは論理の飛躍である。二〇世紀になってから宗教は万年野党状態であったが、与党の評判が傷ついたというだけでは、万年野党に目覚ましい政治ができるという保証はない。

実際、復古を唱える超保守や原理主義者は、兵器や情報テクノロジーや非情な人間管理術に関しては完全にモダンを真似している。一種の和魂洋才のようなものだが、ここに根本的な矛盾がある。社会主義を標榜したソ連が実は国家株式会社の資本主義であったように、宗教的復古勢力の実体にはいびつに成長したモダンのようなところがあるのだ。仮に宗教が一時的にパワーを得たとしても、次世代が味わうのは苛立ちとシラケになりそうだということは容易に想像がつく。

西洋の無神論と日本の無宗教

以上のような次第だ。欧米社会において無神論や反宗教の動きが沸々と湧いて出てくるのはよく理解できるし、歴史の必然のようなものでもあるだろう。

しかし、もともとが無宗教的な現代日本人には、こうした現象も「今さら」のことのように思われるかもしれない。日本人はとっくの昔に無宗教を標榜する国民になっていたのだから。

戦前までの日本には「国家神道」があった。天皇も神様扱いされていた。ファンダメンタリストのような仏教者も大勢いて、声高に大衆に発破をかけていた。しかし戦後、かっちりとした政教分離が成立し、人々は日常生活に宗教を持ち込む習慣をどんどん失っていった。仏壇も神棚も拝まなくなったのだ。仏教が「葬式仏教」と呼ばれるようになって久しい。日本仏教は「単なる儀礼」という認識が定着している。

実際、統計的にも、現代の日本が欧州の上を行く無神論大国であることは間違いない。二〇一七年時点で無宗教の人＋無神論者の割合は、日本が六二％、中国が七七％である（前掲 Aida Salihović）。いずれも欧米よりはるかに宗教離れが進んでいる。

日本の特徴は、無神論そのものがそれほど話題にならないことである。欧米では信者と非信者の間に激しい対立があるが、日本ではそれほどでもない。そもそもシロクロの境界線が曖昧である。だいたい、日本人は無宗教を標榜している人にしてからが、正月に初詣に出かけ、葬式や法事は熱心に行なう。明治神宮や成田山に何百万もの人出があるが、外国人の目にはほとんどメッカの大巡礼のように映ずる。アンケートでも、宗教は信じませんと答える一方で、霊魂は信じますなどと答える傾向がある。統計数理研究所「日本人の国民性調査」(二〇一三年)では人口の四割ほどが「あの世を信じる」と答えており、若い世代のほうがやや多い傾向があるそうである(詳しくは堀江宗正編『現代日本の宗教事情』(「いま宗教に向きあう」シリーズ1)を参照されたい)。

だから、欧米の比較的きっぱりした無神論・無宗教と日本の曖昧なる無神論・無宗教との間にニュアンスの差があることは押さえておかなければならない。この差異は、社会の基層をなしている宗教――欧米の一神教と日本の多神教ないしアニミズム――の違いに由来するものだと考えられる。これについては第3章で詳しく扱いたいが、簡単に言えば、多神教やアニミズムの世界では、信者であることと信者ではないこととの境界線がはっきりしないのだ。そもそも神道や民間信仰の神や霊は、自然、社会、人間心理の象徴のような性格をもっている。「神やご先祖様の霊は本当に存在するのか、それともしないのか」とリキむのも野暮、というようなところがあるのだ。

さらに、仏教のもともとの教理では、悟りや安心立命を得ることが究極のテーマである。仏は神様っぽくイメージされるが、ふつうの人間と仏との間に絶対的なギャップはない。禅宗では「仏に逢ったら仏を殺せ」なんて物騒なことを言う。仏を絶対視して「神頼み」してはいけないというのである。そういう宗派ばかりではないが、やはりどうもこの宗教

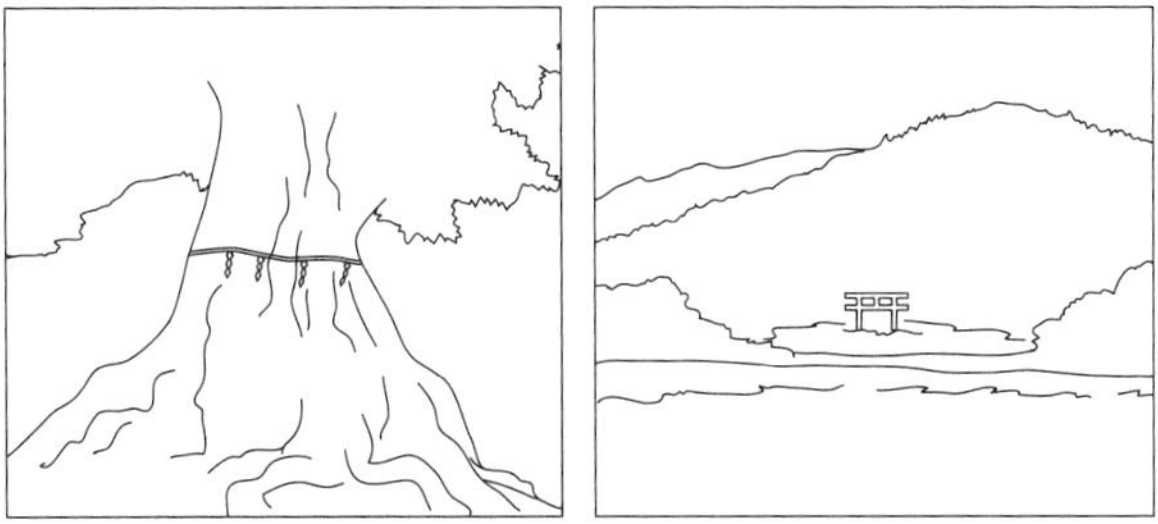

神道の礼拝対象はしばしば自然物そのもの。「神」も「生命」も概念的に大きな違いはない。

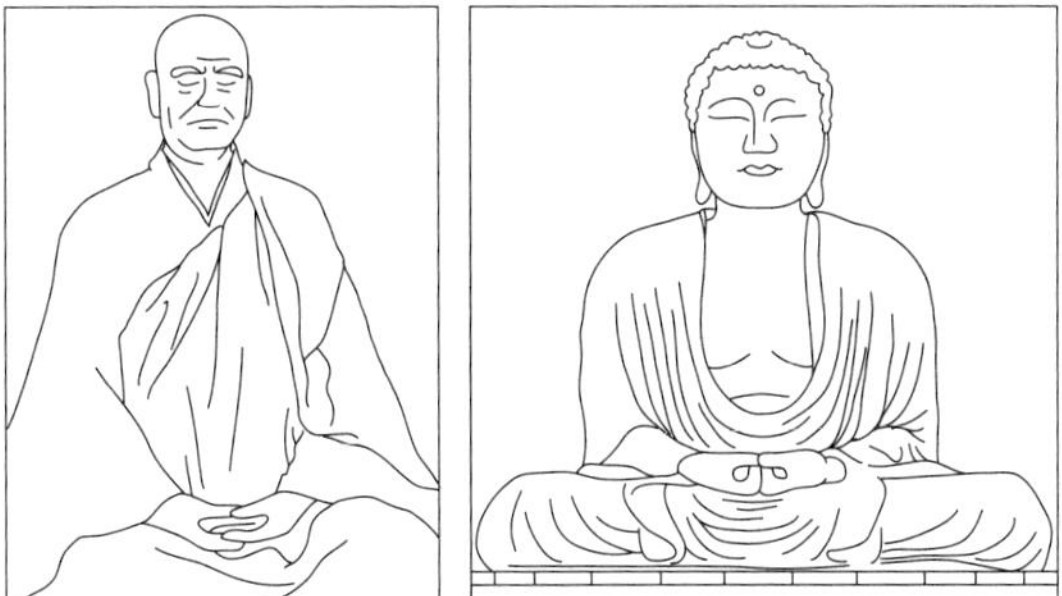

修行者もブッダも悟りの「形」は同じ。人間と神的存在とは連続的。

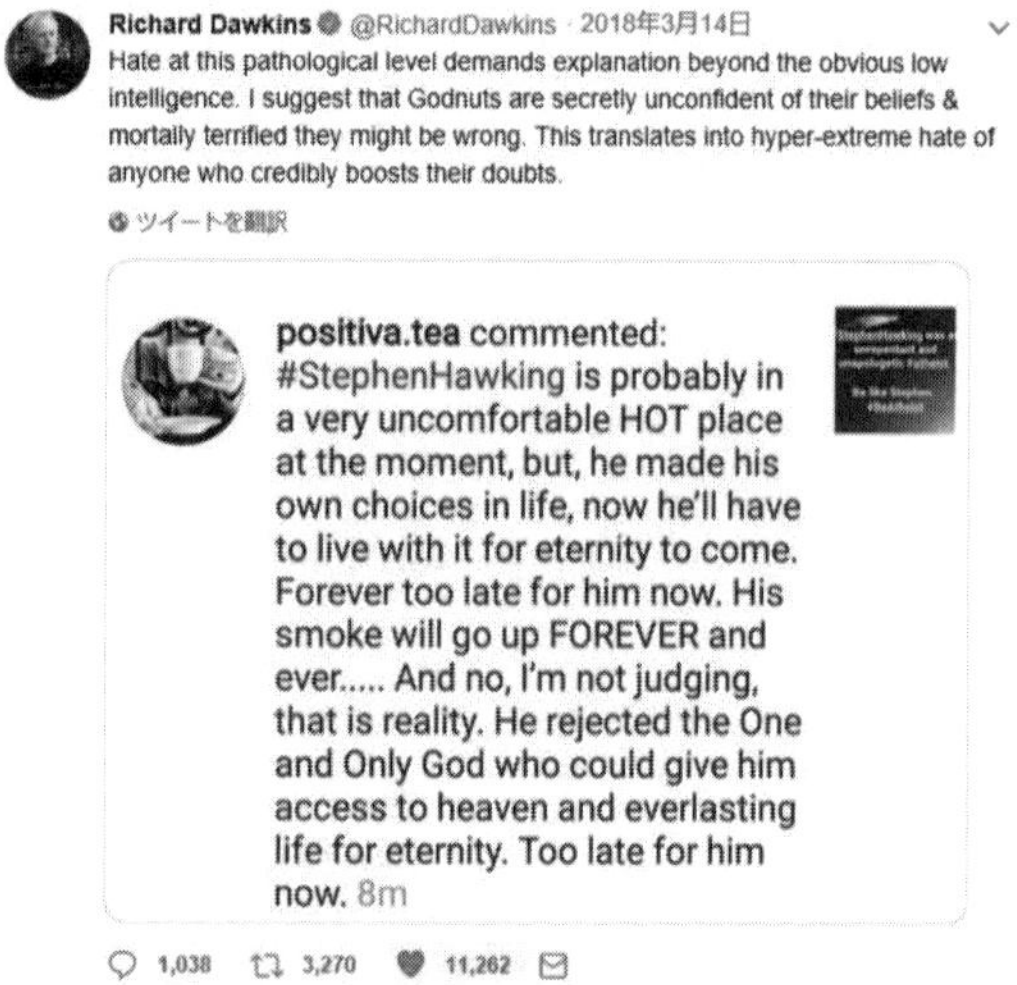
Richard Dawkins @RichardDawkins · 2018年3月14日
Hate at this pathological level demands explanation beyond the obvious low intelligence. I suggest that Godnuts are secretly unconfident of their beliefs & mortally terrified they might be wrong. This translates into hyper-extreme hate of anyone who credibly boosts their doubts.

ツイートを翻訳

positiva.tea commented: #StephenHawking is probably in a very uncomfortable HOT place at the moment, but, he made his own choices in life, now he'll have to live with it for eternity to come. Forever too late for him now. His smoke will go up FOREVER and ever..... And no, I'm not judging, that is reality. He rejected the One and Only God who could give him access to heaven and everlasting life for eternity. Too late for him now. 8m

1,038 3,270 11,262

無神論者のホーキング博士が亡くなったとき、ある信者が「ホーキングはおそらく今とても居心地の悪い《熱い》所にいるが、それも自業自得だ。未来永劫そうやって生きるのだ。悔やんでも時はすでに永遠に遅い。《永遠》に煙が立ち上る。……私は裁いているのではなく、事実を述べている。神は彼に天国と朽ちない命を与えることができるというのに、その唯一にして無二の神を彼は拒絶したのだ。彼としてはもはや手遅れだ」と述べたのに対して、同じく無神論者のドーキンスが「病理的なレベルの憎悪だ。明らかに知性が低いが、それ以上の説明が必要だろう。私が思うに、神マニアは内心では自己の信念に自信がもてず、自己の過ちを死ぬほど恐れている。そのため、その疑念をどうしても掻き立ててしまう者に対して、異常なほど憎悪を抱くことになるのだ」とコメントしている。

は、無神論のインパクトを殺いでしまうような性格をもっている。

欧米や中東など、一神教がメジャーであるような社会では、「無神論《エイシイズム》」（atheism ＝ a（否定）＋ theos（ギリシャ語で神）＋ ism（主義））には由々しい響きがある。つまり、一神教世界では絶対神（キリストやアッラー）があらゆる人間、あらゆる生物、あらゆる事物に対する絶対君主のような主人だという神学が出来上がってしまっているので、個人の心の問題、道徳の問題、哲学の問題、科学的議論、政治の議論などなど、人生と社会のあらゆる問題、あらゆる局面において神の臨在が語られてきた。だから、実質的に世の中が宗教抜き、教会の干渉抜きで運営されるようになってからも、観念のレベルにおいて「神」そのものをあっさり否定するのはためらわれるのだ。

ふだんは神様抜きで暮らしている人でも、「神は無い」と断言してしまっては、ひょっとして自己のルーツを否定することになりはしないか、未来も希望も棄てたニヒリズムにつながりはしないかと不安に思わずにいられないのである。

天地創造の神を立役者とする一神教は、とにかく大げさな文化装置であった。だから、その否定もまた大げさな作業とならざるを得ない（そんな一神教世界において、敢えて「私は無神論者です」という人が増えてきているということは、文化の根本のシステムに変化が起きつつあるということを意味する）。

無神論の普遍性とアニミズムの普遍性

というわけで、無神論について紹介する本書の目的の第二の局面は、無神論や不信仰をめぐる欧米と日本との熱の差、情念の違いをめぐるものになる。

本書では、欧米社会において急成長しつつある無神論のもつ社会的意味と論理的意味について明瞭に解説し、その裏側にあるキリスト教やイスラム教などの一神教のロジックを解き明かし、そのついでに無宗教的な日本と無神論的な欧米とのロジックの違いや、さらには日本的無宗教の背景にある仏教や神道の文化や論理について、順を追って説明していこうと思うのだ。

思想的・文化的背景と照らし合わせて理解すれば、無神論や無宗教の文化の違いや、そもそもの宗教的文化の違いが明らかになるだろう。もちろん、欧米における哲学的・科学的無神論の議論は日本の精神世界にも無縁の話ではない。ドーキンスやナヴァビなどの無神論の議論には普遍性があり、仏教、神道、新宗教、スピリチュアル系のさまざまな教えや活動に対する有効な批判となっている。

一般に、西欧の議論には普遍的な批判力がある。だから西洋で台頭中の無神論もまた、日本の文化と社会に影響しないではいられない。しかし、日本のような多神教社会における、どっちつかずの「無宗教」という曖昧な在り方もまた、西欧の文化の未来に影響があるのではないかと私は思っている。無神論者が理論的に神を否定しようとどうしようと、神道や日本の民間信仰に典型的に見られるような漠然としたアニミズムや、仏教や日本のお稽古事に典型的に見られるような修行や瞑想の習慣は、あらゆる世界において、民衆の世俗の暮らしに、レトリカルに影響を与え続けるのではないか。

どうも私の究極の見通しとしては、有神論VS無神論の対立よりも、一神教型の思考（欧米で台頭中の無神論も含む）VS多神教・アニミズム型の思考（日本的無宗教なども含む）の対立のほうが原理的に言って大きいのではないかという感じがするのである。

本書もまた、そのような流れで話が進む予定だ。

コラム

宗教的な国、無宗教の国

二〇一八年のピュー・リサーチ・センターのレポートによれば、アフリカ諸国、イスラム圏、インド、南米の一部は宗教性が高く、東アジア、ロシア周辺、ヨーロッパなどは宗教性が低い。

地域	宗教の伝統	近現代の状況	無神論は？
中東・インド	大宗教誕生の地	今でも宗教熱心	「無神論者」が出現中
西欧	中東からキリスト教を輸入（土着の異教は抑圧）	世俗化が著しい	「無神論者」が多い（戦闘的な「無神論者」が多い）
日本や中国	インドから仏教を輸入（土着の多神教もある）	世俗化が著しい	「無神論者」が多い（西欧よりも曖昧な状況？）（中国では共産党の指導がある）

「人生において宗教はとても重要」と思う人の割合は……八〇％以上がエチオピア、ウガンダ、ナイジェリア、インド、インドネシア等、六〇〜七九％がエジプト、イラン、トルコ、ブラジル等、四〇〜五九％が合衆国、メキシコ、アルゼンチン等、二〇〜三九％がカナダ、スペイン、イタリア、ポーランド、ウクライナ、カザフスタン等、〇〜一九％が北欧諸国、英独仏、ロシア、中国、ベトナム、韓国、日本、オーストラリアとなっている。

世界の大宗教のうち、キリスト教とイスラム教は中東に生まれた（それぞれパレスチナ周辺とメッカ周辺）。またヒンドゥー教と仏教はインドに生まれた。「大宗教の故郷」である中東とインドが今日でも宗教性が高いことは注目される。風土的に宗教的ライフスタイルがしっくり来やすいのであろうか。

今日、無神論や無宗教が増殖中の西洋や東アジアは、もともと中東やインドから大宗教を輸入した土地であった。中世には非常に宗教熱心であったが、近代に向かうにつれて、宗教への熱意が冷めていった。そのうち、一神教であるキリスト教をメインとする西洋は「神との対決」を真剣に行なう「無神論」が台頭中であり、もともと曖昧な多神教（神道、道教、儒教など）や悟りの宗教（仏教など）をメインとする東アジアは「神との対決」が曖昧なままに「無神論」（というか無宗教？）に向かっている。

なお、キリスト教圏でもイスラム教圏でもどこでも、若い人（一八〜三九歳）は、教団への帰属、価値観、礼拝の頻度のいずれかの指標において相対的に宗教性が低い。世紀末から二一世紀初頭に生まれた世代は大きく無宗教に傾いているとも言われる。一つにはこの世代がＳＮＳ世代であり、伝統的な価値パターンを大きく外れるようになっていること、また彼らの親たちが欧米などではカウンターカルチャー世代であって、子供に宗教を押し付けなくなったということも大きいかもしれない。

公共宗教研究所（ＰＲＲＩ）の二〇一五年のレポートでは、伝統的に教会出席率が高かったアメリカにおいても、いずれの宗教にも属さないと答える人は二二％に上るようになっている。世代交代とともに宗教・無宗教の割合は劇的に変化するものと思われる。

2 『ダ・ヴィンチ・コード』騒動に見る現代欧米の宗教事情

ちょっと間接的なところから話を始めたい。日本人はキリスト教のことをよく知らないので、欧米における宗教事情の話をストレートに語られても、なかなかピンとこないという方が多いからだ。二〇〇六年にヒットしたトム・ハンクス主演の映画『ダ・ヴィンチ・コード』をめぐる騒動のことを覚えておられるだろうか。

いったいどんな騒ぎだったのか?

映画『ダ・ヴィンチ・コード』は、二〇〇三年のダン・ブラウン原作の同名の小説に基づくサスペンス映画である。ルーブル美術館のど真ん中で見つかった素っ裸の奇怪な遺体、教会の狂信的組織に属する殺し屋の修道僧、被害者の遺したダ・ヴィンチを鍵とする暗号《コード》、ダ・ヴィンチの名画『最後の晩餐』の隠す教会の秘密、中世以来クリスチャンを惹きつけてやまない聖杯伝説の真相といった、通俗的だがそれだけに普遍的話題性のある推理小説

FACT:

The Priory of Sion—
a European secret society founded in
1099—is a real organization.
In 1975 Paris's Bibliothèque Nationale
discovered parchments known as *Les
Dossiers Secrets*, identifying numerous
members of the Priory of Sion, including
Sir Isaac Newton, Botticelli, Victor Hugo,
and Leonardo da Vinci.

The Vatican prelature known as Opus
Dei is a deeply devout Catholic
sect that has been the topic of recent
controversy due to reports of brain-
washing, coercion, and a dangerous
practice known as "corporal mortification."
Opus Dei has just completed construction
of a $47 million National Headquarters at
243 Lexington Avenue in New York City.

All descriptions of artwork, architecture,
documents, and secret rituals in this novel
are accurate.

ダン・ブラウンの小説『ダ・ヴィンチ・コード』とその邦訳、また原書巻頭の“FACT”ページ。
ダン・ブラウンは小説の本文が始まる直前に「以下のあれこれは事実である」と断言するページを置いた。そしてその陰謀史観に通ずる内容は概ねフェイクだったのである。このページもまた小説の一部だとすれば、嘘をついたことにはならないわけだが、明らかに読者の混乱を狙っている。このやり方には、歴史家も美術史家も教会関係者もかなりムカついた。

的要素がてんこ盛りであるばかりでなく、犯罪者の嫌疑をかけられた主人公の象徴学者と美形ヒロインの逃走と推理の道行きがパリやロンドンなどの名所めぐりを兼ねていたものだから、撮影地となったルーブルや各地の教会に原作のペーパーバックを手にした観光客が押し寄せたのも無理からぬことであった。

しかし、敬虔なるクリスチャンにとっては、これは許しがたい作品であった。カトリック教会は映画のボイコットを呼びかけた。

問題点は、まあ、内容が冒瀆的であったということなのだが、もちろん、今どき娯楽小説や娯楽映画が「罰当たり」な描写を行なったくらいでは、教会人も大騒ぎはしない。騒ぎになった理由は、「キリストは結婚して子供までもうけていた」としてあったこと、カトリック教会の保守的なオプス・デイという組織を狂信的なもののように描いたことにある。さらにここには、作者のとったレトリカルな宣伝手法に、教会人が不道徳なものを感じたということも一つ絡んでいる。というのは、作者は小説本の序章の直前に――つまり小説そのものが始まる前のページに――小説に描かれるさまざまな歴史的虚構が「すべて事実に基づく」と書き込んでいたのである。

この手法に関しては、教会人のみならず、世俗の歴史家や美術史家も批判の声を上げた。小説の内部でウソをつくのはいいとしても、小説の外部で虚構をFACTと呼ぶのは道義的にいかがなものか。つまりこれは、今ネットをめぐって問題になっているフェイクニュース（偽記事）やオルタナティブ・トゥルース（代用真実）の炎上商法的な手法のハシリだったわけだ。キリストの子孫を守る秘密結社があるとか、ダ・ヴィンチやニュートンはその総長だったとか、教会が彼らを迫害しているとか、そういう情報は、いずれ嘘とバレるものではあったが、バレる前に売ってしまえばそれでいい、というアッパレな精神である。

しかし、商売としてはアッパレだとしても、材料にされていじられる側としてはたまったものではない。というのは、たとえ嘘と分かっても、「どうせ教会は何か真実を隠しているだろう」「オプス・デイは危険なカルトなのだろう」という印象だけはしっかり読者／観客の心の中に残ってしまうからである。それだけに教会としては腹立たしかったはずだ。

というわけで、この小説と映画をめぐっては、おびただしいファクトチェック（事実検証）本やそういう趣旨のＤＶＤがつくられた。日本のレンタルビデオ店にも、ひところ、『ダ・ヴィンチ・コード』本編と「騙されるな」系のＤＶＤがともに大量に並んでいた。

おそらく多くの日本人は、「なんでそんなに大騒ぎするの？」という感じだったと思う。日本には宗教をめぐる深刻な対立も情報戦もないからだ。

もっとも、東アジアには日中韓の歴史解釈の対立がある。中国の抗日戦ドラマや韓国の軍艦島映画をめぐって、それが視聴者の情動を動かすように設計されていることに穏やかならぬものを感じている人もいるだろう。映画はそもそもフィクションだから何を描いても許されるが、背景に立場や利害の対立がある場合、事実よりも印象で人々を動かすフィクションの手法は物議をかもしやすいのだ。

（ここでメモ。欧米における宗教論争は、しばしば東アジアにおけるナショナリズム論争に相当する。欧米では信者と非信者の対立のみならず、欧米文化とイスラムとの対立がからんでややこしくなっている。欧米とイスラムの「文明の衝突」の場合、帝国主義をめぐる歴史解釈が重なってくるので、日本VS中韓の構図にも似てくる。）

リベラルとフェミニズムの大義

ところで、作者ダン・ブラウンの強気には理由がある。つまり彼には宗教問題をめぐる「大義」がある（大義があれば多少のトリックは赦される）。その大義とは、自分が「女性」の味方であること、「異教」を含めた思想的「自由」の味方であること、だ。

『ダ・ヴィンチ・コード』の根本の構図は、歴史的な異教と教会の対立、抑圧される女性と支配する男性の対照だ。その設定によれば、教会はキリストの妻マグダラのマリア（とその支持者）を弾圧してきた。これは伝統教会における男性中心主義や、中世・近代初期の魔女裁判などにおいて時折噴出する女性蔑視を象徴するフィクションである。こうした教会的伝統には世論においても反発が強い。

魔女狩りの場合には、異教や異端への弾圧もからんでいる。伝統的にキリスト教会が他宗教に対してかなり抑圧的であったことは間違いない。これも今日では批判にさらされている。

『ダ・ヴィンチ・コード』は――同じシリーズの『天使と悪魔』や『インフェルノ』も

——実のところ、信仰そのものを攻撃してはいない。主人公の象徴学者ラングドンは教会の教えに対して懐疑的ではあるが、子供時代に井戸に落ちたときにイエス様に祈った経験もあるので、信仰の意義は認めている。そういう設定だ。また、教会内の狂信者を描いているが、バチカンの主流派は開明的であるともしている。次々と起こる殺人事件の実行犯はカトリックの狂信者であったものの、それに指示を与えていたのは反教会側の学者ティービングであった。つまり、狂信は宗教の中にも世俗の中にもあるという設定となっているのである。

ということはつまり、作者としては自分は「信仰」の味方もしているという意識であるはずだ。異教と女性に敬意を表し、自由な思想を容認する、穏健でリベラルな信仰である。自由の条件には、教会をおちょくる自由も含まれている。これは作者の思想でもあるだろうし、作者が支持してくれると見た大方の読者の基本的姿勢でもあるということだろう。

科学ジャーナリストの皆神龍太郎と比較文化史家の竹下節子は、皆神氏の著書（『ダ・ヴィンチ・コード最終解読』）に収録された対談の中で、作者のキリスト教理解は浅い、レベルが低いと見ていた。しかし、私の受けた印象は少し違う。なるほど作者は宗教に関しても美術や歴史に関してもトンデモなことばかり書いているが、それは一般読者の歴史や美術に関する興味がしょせんその程度のものだと割り切った上でやったことだと思われる。

宗教問題に関するダン・ブラウンの洞察力は決して低くはない。洞察力があるから宗教をめぐる世間の空気を的確に読んだのだとも言える。『ダ・ヴィンチ・コード』の背景には、二〇世紀中頃から続く、文学や映画の表現をめぐる保守とリベラルの抗争がある。小説家も監督も、宗教を描くにあたって次第に大胆になっていった。キリストは人間化され、キリスト教は解体され、新時代の異教であるニューエイジ的な宗教ビジョンが一般化していった。保守派の反撃はさらなる過激な表現を生んだ。そしてこの抗争の最新の局面の一つが、『ダ・ヴィンチ・コード』騒動だったのである。


『ダ・ヴィンチ・コード』のあらすじはこうだ。アメリカの象徴学者ラングドンがパリでルーブル美術館長殺害の嫌疑をかけられる。館長の孫ソフィーとの逃避行の中で、殺人事件の真相究明、館長がソフィーに遺した暗号の解読、背後にある歴史的陰謀の謎解きが行なわれる。表題に「ダ・ヴィンチ」が含まれているのは、レオナルド・ダ・ヴィンチの絵画や彼が考案した器械が館長からの暗号《コード》の一部をなしていることによる。

物語の大枠は、中世以来の聖杯伝説である。小説の設定では、聖杯はキリストの妻マグダラのマリアを意味するものとなっている。教会はキリストの子孫がいるという事実を隠蔽してきたのだという。つまり一種の陰謀史ものである。「シオン修道会」なる秘密結社が伝統的な聖杯の守護者だとしているが、これは一昔前にちょっと話題となったトンデモ本のネタから借りた設定である。

この映画を見てもキリスト教の歴史のことは何も分からない。しかし、宗教学的には興味深い。というのは、この映画がもたらした騒動の顚末に、現代の欧米で教会の権威がだいぶ衰えており、キリスト教の教理や歴史に関する人々の知識もあやふやになってきていることが見てとれるからである。

物語の最後に、ソフィーがキリストの血をひくことが明らかになる。さらに、殺された館長がルーブルのガラスのピラミッドの下にマグダラのマリアの遺骸を安置したことが分かる。ピラミッドは実在の現代アートだが、これはたくさんの菱形のパネルで造形されている。『ダ・ヴィンチ・コード』における解釈では、菱形の上半分のΛ型は男性（男根）の象徴、下半分のV型は女性（子宮＝杯）の象徴だ。墓所が美術の殿堂ルーブルであることは新時代の宗教の審美性を暗示するものだろう。教会から美術館へ、男性支配から男女の和合へというニューエイジ的な結論とともに、物語は終結を迎える。

映画の中で宗教はどのように描かれてきたか

ここで映画に描かれたキリスト教の歴史をざっと振り返ってみよう。

一九世紀末にシネマトグラフが発明されるやいなや、宗教的な「有り難い映画」をつくりたいという欲求が生まれた。聖書の物語は誰でも知っていたし、話の展開の読み取りにくい初期の映画では便利な題材でもあった。第二次世界大戦前に撮られた『ノアの箱舟』(一九二八年)などは、びっくりするほど大量の水がぶちまけられる初期の傑作特撮映画である(実際スタントマン三名ほどが溺れ死んだという曰く付きの映画だ)。

キリストやキリスト教の描き方に関しては、アメリカは伝統的に保守的であった。戦後、ローマ帝国の戦車競走の大スペクタクルで評判をとった信仰映画『ベン・ハー』(一九五九年)でも、キリストを真正面からはっきりと撮ることは避けている。

興味深いのは一九六〇年の『風の遺産』で、これは次の節で説明する戦前における進化論教育裁判を描いた映画なのだが、「無神論者」が公然と出てくるし、法廷において聖書を「お伽噺」呼ばわりもしており、宗教的保守主義者を知性の敵として描いている。これは五〇年代のアメリカにおける赤狩りすなわち「共産主義者」追放の集団ヒステリーを背景にしたものなので、このような踏み込んだ描き方が許容されたのかもしれない(59ページのコラム参照）。

なお、今日「無神論大国」として知られるスウェーデンでは、早くも五〇年代にイングマール・ベルイマン監督が神の不在や沈黙をテーマとする映画を立て続けに撮っている。『第七の封印』（一九五七年）や『冬の光』（一九六二年）といった作品である。

宗教映画の（リベラルな方向への）過激化は、七〇年代から一般化した。六〇年代はベトナム反戦時代であり、黒人差別撤廃の公民権運動時代でもあったので、若い世代の気運は革新的かつ左翼的であった。『ジーザス・クライスト・スーパースター』（一九七三年）はＬＰ二枚組のロックオペラから始まって舞台のミュージカルを経て映画化されたものだ。キリストをロックスターのように描き、裏切り者ユダを優れた人物として描いているという点で異端的であり、保守派の激しい批判も巻き起こったが、今見ると実はかなり「敬虔」な内容である。つまり、キリストが完全に神様として描かれているし、キリスト裁判の顚末に関して福音書の内容を上手にまとめているので、聖書の勉強に便利に使えるほどだ。

激しい議論を巻き起こしたキリスト映画としては、マーティン・スコセッシ監督の『最後の誘惑』（一九八八年）がある。キリストは「神経症」（岡田温司『映画とキリスト』）の患者のように描かれており、十字架上の幻覚としてではあるが、マグダラのマリアと結婚して子供ももうけている。『ダ・ヴィンチ・コード』のマグダラネタにはかような歴史があるのだ（『最後の誘惑』は一九五一年のニコス・カザンザキスの小説に基づいており、マグダラとキリストの結婚という週刊誌的興味自体はどこまで歴史をさかのぼるか分からない）。

宗教映画をめぐるタブーは次第に解除されていった。保守派はボイコット運動を繰り返したが、時代の流れには勝てない。それどころか、敬虔に描こうが冒瀆的に描こうが、宗教映画そのもののインパクトが薄らいでしまった。ノアの洪水を描いた『ノアの箱舟』（一九二八年）と『ノア 約束の舟』（二〇一四年）、出エジプトの伝承を描いた『十戒』（一九五六年）と『エクソダス：神と王』（二〇一四年）を見比べてみると、新時代のものはたとえ監督が「敬虔」なメッセージを込めている場合にも、結局のところは世俗的である。ノアは環境論者であり、モーセは有能なビジネスリーダーだ。洪水や紅海横断のＣＧスペクタクルは見事だが、しょせんＣＧと分かっているので、もはや誰も驚かない、というのと同じように、宗教性もまた平板になっていることは否めない。

というわけで、保守派が何と言おうと、映画の世界の「無神論」化は着実に進行していった。たぶん映画作品、文芸作品というものの本質的性格が無神論的なのだろう。世の中の出来事を神の奇跡としてではなく、人間のドラマとして描くのが映画や文学なのだから、工夫を凝らせば凝らすほど、神様の威信から遠い話になっていくのだ。

聖書の物語やキリストの伝記を描いてももはや画期的なものは生まれないかもしれない。『ダ・ヴィンチ・コード』や『天使と悪魔』は教会史にフェイクを持ち込んで興味を引いたという点で、確かに新機軸だったのだ。筆者はこんなふうに宗教映画史上に位置づけて、これらの作品を面白く鑑賞したという次第である。

ニューエイジの精神世界

『ダ・ヴィンチ・コード』には、はっきりとニューエイジや東洋宗教の影響がある。ニューエイジとは六〇年代のヒッピー世代より台頭し、八〇年代には中産階級で一般化していったヨーガ、禅、輪廻、易、チャネリング、各種の異教的伝統からなる宗教的動向である。日本の「精神世界」や『オーラの泉』的な霊媒信仰、パワースポットブームに相当する。

『ダ・ヴィンチ・コード』に描かれる秘密結社シオン修道会では、異教的な行事として、男女のセックス儀礼を実践している。これは陰と陽の和合を象徴する儀礼であり、ヒンドゥー教にもチベット密教にも同様の象徴がある。

ヒンドゥー教のシヴァ神はリンガムと呼ばれる男根で象徴され、女陰であるヨーニとセットになって拝まれている。チベット密教で用いる曼荼羅では、日本では大日如来が描かれる位置に、男女の仏の象徴的な交合の図が描かれる。日本の密教でも胎蔵界と金剛界という二種の曼荼羅が用いられており、前者は女性原理、後者は男性原理を表すとされる。密教ばかりではない。アジア宗教には男女がセットになったイメージが豊富であり、道祖神なんかもそうだし、易で用いる陰（女性原理）と陽（男性原理）からなる八卦もそうだ。

ちなみに、ベルナルド・ベルトルッチ監督の『リトル・ブッダ』（一九九三年）はチベット仏教の宣伝映画だ。チベット密教を奉じるブータンの僧が、死んだラマがシアトルの白人の少年に転生したことを見出し、彼と彼の家族を故郷の寺院に招くという内容である。作中劇としてキアヌ・リーブスが釈迦の役をやっている。欧米にはチベットからの亡命者が多い。ラマたちに感化されて密教や曼荼羅を奉じる人々も増えた。

輪廻については二〇世紀初めから徐々に欧米社会に浸透しており、女優のシャーリー・マクレーンが前世を語った『アウト・オン・ア・リム』（一九八三年）は大ベストセラーになった。彼女が前世探訪の旅の一環として訪れたスペインのサンチャゴ巡礼路は、それまではほとんど巡礼者もなく廃れかかっていたのだが、おかげさまですっかり有名になり、さまざまな「精神世界」系の旅人たちが行き交っている。終着点はもちろんカトリックの教会なのだが、実は教会などどうでもいいらしい。

というわけで、現代の欧米文化にはけっこう東洋宗教や異教の要素が浸透している。ニューエイジの信者は一神教の神の信仰からは外れているが、神や霊を否定しているわけではないという点で、無神論とは区別される。しかし、ニューエイジ的な霊魂や宇宙人や前世などの信仰は、神概念に関しては比較的軽い扱いをしているので、一神教の伝統よりもずっと無神論に近い。ニューエイジ文化の浸透は無神論の台頭に一役買っていると言えるだろう。

激しい情報戦

以上、映画を中心に、現代の欧米文化における宗教の状況を眺めてみた。ポイントは保守とリベラルの抗争があるということ、全体に神や教会の威信が下がってきたということ、東洋宗教の要素をもつニューエイジの影響力が増しているということであった。

さらにもう一つ、『ダ・ヴィンチ・コード』騒動に典型的に見られるように、宗教をめぐっては、フェイクニュースや陰謀史のような激しいイデオロギー戦術があちこちで展開されるということを挙げておくべきだろう。これはとくに英米社会において激しい。フェアプレーを重んじると言いつつ「勝ってしまえばこっちのもの」的戦術を使うのがアングロサクソン社会の特徴なのかもしれない。

次節で解説するように、アメリカでは福音派とかファンダメンタリストとか呼ばれるプロテスタント系の宗教保守勢力が人口の一定程度を常に占めている（二〇％前後）。彼らは、創世記の記述に合わない進化論は科学者の妄想である、地球温暖化はリベラルの陰謀であるといった疑似科学的な宣伝を得意としている。宗教保守はフェイクニュース、オルタナティブな真実、陰謀史観にかけては先駆者なのである。

アメリカは宗教がそういう方向に走りがちな特殊な環境にあるからこそ、ダン・ブラウンのような世俗の小説家もまた、宗教をいじるフェイクニュースまがいの手法を平気で使うことができたのかもしれない。皮肉なことに、ファンダメンタリストはプロテスタントであるのに、『ダ・ヴィンチ・コード』や『天使と悪魔』が陰謀的に描いてみせたのは欧州のカトリック教会（バチカン）なのであった。なぜターゲットがカトリックになったのか？　理由は簡単だ。これらの作品は美術めぐり、教会めぐりを兼ねている。そういう美的要請に応えてくれるのは、美しい教会堂や泰西名画に恵まれている欧州ないしカトリック世界だからである。

コラム

『ハリー・ポッター』VS『ジーザス・キャンプ』

子供を巻き込む宗教闘争

福音派／ファンダメンタリストと呼ばれる保守系プロテスタントの様子が垣間見える市販のＤＶＤとして、『ジーザス・キャンプ』（二〇〇六年）を紹介しよう。これはアメリカのペンテコスタル系ファンダメンタリストがノースダコタ州で行なった子供たちの洗脳サマーキャンプ「キッズ・オン・ファイア・スクール・オブ・ミニストリー」（主催者ベッキー・フィッシャー）のドキュメンタリーだ。

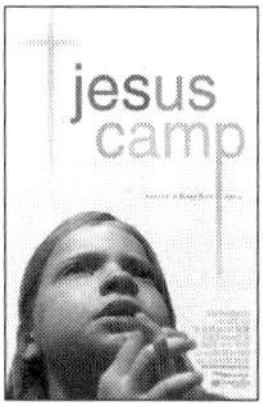
ドキュメンタリー映画『ジーザス・キャンプ』

子供たちを集め、学校が信用できないこと、魔法使いなど異教的なもので子供を釣る『ハリー・ポッター』が悪魔的であること、中絶を認める国家が反キリスト的であること、ブッシュ大統領を応援すべきことなどを叩きこむ。コップを邪悪な世俗社会あるいはリベラルな政府に見立て、ハンマーで叩き割らせる。子供たちは熱狂し、エクスタシーの涙を流しながらイエスの前衛となることを誓う。

また、ビッグバン宇宙や進化論、地球温暖化を信じてはいけないことを少年に教え込んでいる挿入シーンもある（宇宙の年齢は六千年だそうだ。これは一七世紀に暇をもてあましたアイルランドの司教が旧約聖書の人物の系譜などから割り出した数字であり、『風の遺産』でも引用されている）。

なお、このドキュメンタリー映画の反響のせいで、この団体は同様のキャンプを行なえなくなったようである。また、近年では若年者の間の無神論の伸長に喰われる形で、この手の福音派の支持者は減ってきている（二〇〇七年から二〇一四年の間に合衆国における福音派系の支持者は一九％から一六％に落ち、またリベラルなプロテスタントも一七％から一三％に落ちた。ピュー・リサーチ・センター）。

ファンタジーと宗教保守との抗争

教会や宗教家が最も目を光らせているのは、大人の映画や小説などではなく、子供やヤングアダルト向けの作品だと言えそうだ。魂の若い世代がどんなものに触れて育ったかによって、一〇年後、二〇年後の宗教地図が塗り替わる可能性があるのだから。

二〇〇〇年代に『ハリー・ポッター』の小説と映画が大ヒットすると、保守系プロテスタント教会はこれを悪魔的と見て焚書にした。カトリックの保守的な枢機卿は「ハリポタは子供の魂を駄目にする」と言った。ハリポタはかつてキリスト教が弾圧した魔女や異教の文化の再興を狙うものと思われたのだ。

近頃の異教ブームを見過ごすわけにはいかないと思っていた保守派にとっての朗報は、戦後まもなくに原作が書かれたキリスト教宣教ファンタジー、『ナルニア国物語』（C・S・ルイス原作）の映画化であった（ハリポタ映画と同時期に三本つくられた）。これはキリスト教の教理を知るために便利な作品なのだが、無神論者は子供への洗脳であるとして好まない。

教会にとっての明らかな天敵も映画化された。ハリポタと同時期に書かれた『ライラの冒険』（フィリップ・プルマン原作）——*His Dark Materials*（神の冥《くら》き材）——である。これはキリスト教会を完全に陰謀的な組織として描き、かつ、作中で神を「殺して」いる。こちらは無神論者が好むが、カトリック教会は映画のボイコットを呼びかけた。そのせいか、三部作の映画になる予定が一作だけでポシャってしまった。

ハリポタは巻が進むにつれて、リベラルキリスト教の価値観と合致する内容であることが明らかになり、キリスト教の立場から擁護する議論もたくさん現れた。シリーズが終わったところで、作者は魔法学校のダンブルドア校長がゲイであることを公表した。

このやり方はなかなか戦略的である。キリスト教界の評判が高まったところで、ファンダメンタリストに打撃を与えたようにも思われるからだ。

やはり英米社会の思想闘争は子供たちも巻き込む熾烈なものなのである。

3　宗教家による情報汚染――ファンダメンタリストVSドーキンス

宗教国家アメリカ

ヨーロッパ人には教会の影響力を抑制することで近代化を成し遂げたという意識があるが、アメリカ人の場合は少し事情が異なっている。開拓地において人々を団結させたのは教会の力であったし、旧大陸における階級差別や絶対王政などの諸悪を乗り越えた、純粋な神の共同体を新大陸において創出するのだという神話も生き続けた。民主的なアメリカ国家の発展こそが神の御意思だという、新興宗教の熱情と政治的拡張主義の野心がいっしょくたになったような「アメリカ市民宗教」なるものが常に生きていたという指摘もある。

そういうわけであるから、宗教右派などと呼ばれる保守的な宗教家たちの活動も、他国にないほどの情熱の籠もったものとなる。ノーベル賞最多獲得国アメリカは、同時に、進化論は嘘だ、地球温暖化は陰謀だなどというパンフレットを配って歩く宗教的活動家の数が最多の国でもあることを認識しておくべきだろう。

アメリカ社会の指導的な宗教はプロテスタント各派であるが、移民の増大とともにカトリックも増えていった。二〇一四年の最大勢力は「どの宗派にも属さない（いわゆる無宗教）」二八％であり、プロテスタント四〇％（うち福音派一六％、リベラルな伝統的主流派一三％、伝統的黒人系プロテスタント教会員一一％）、カトリック二四％、キリスト教以外七％となっている（ピュー・リサーチ・センター）。

主流派プロテスタントは主流派といっても信者の数を減らし続けており、プロテスタントの最大勢力は保守系の福音派（エヴァンジェリカル）である。福音派は回心体験を重んじ、熱烈に布教する傾向があり、多くは奇跡も信じるし、聖書も無謬であると信じる。この聖書無謬説に立つ立場を指して、「ファンダメンタリズム」と呼ぶことも多い。福音派とファンダメンタリストは言葉の上で交錯しており、ほぼ同義に用いられることも多い。

本節では聖書を無謬と信じ、それを「字義通りに」読むことを提唱するファンダメンタリストのトンデモ系の信念である反進化論について解説しようと思う。進化生物学者ドーキンスが無神論の旗を掲げ、次第に影響力を強めていったのは、ファンダメンタリストがアメリカの教育の現場において、議会のロビーにおいて、司法の場において、陰に陽に影響力を強めていることに対する危惧があるからである。ドーキンスは英国人だが、同じ英語圏の人間として看過できない状況だということだ。

ファンダメンタリズムの歴史

まずは言葉の解説から。思想はファンダメンタリズム（fundamentalism）、信者はファンダメンタリスト（fundamentalist）である。日本語ではしばしば「原理主義」「原理主義者」と訳されるが、本来のキリスト教的文脈においては、「根本主義」「根本主義者」と訳すのが正しい。過激イスラム主義者などをイスラム原理主義者（イスラム・ファンダメンタリスト）などと呼ぶのは、この言葉の応用的使用法である。

キリスト教のファンダメンタリスト、根本主義者の起源は二〇世紀初頭と、けっこう古い。二〇世紀初頭はある意味で二一世紀を迎えた現代に似ており、技術革新による社会の変化が急速に激しくなり、格差化も進み、恐慌、世界大戦と「世も末だ」と思わせるものが満ちている時代であった。その中で、大学出の牧師や神学者が科学を受容して信仰をリベラル化しつつあるのも「世も末」の徴候だと思った保守派のクリスチャンの一派が、キリスト信仰に欠くべからざる根本信条（ファンダメンタルズ fundamentals）を掲げ、原点に帰れ運動を起こした。根本信条には、

神が宇宙と生物と人間を六日間で創造したこと

イエス・キリストが行なったような奇跡があること
イエス・キリストが処女マリアから神の子として生まれたこと
イエス・キリストが十字架上に死んで文字通りの意味で復活したこと
イエス・キリストが人類の罪を肩代わりしたこと
やがてイエス・キリストが再臨して世界に審判をもたらすこと
そもそも聖書に書いてあることは一言一句間違いがないこと

などが含まれる。

ここで注釈を入れておけば、これらの神話的・神学的な条項は、基本的に伝統的な教会が二千年間にわたって人々に信じるように教えてきたことである。だとしたら、ファンダメンタリストの言っていることに特別な要素はないということになりそうだが、問題は、科学の時代である二〇世紀にもなって、奇跡、処女懐胎、肉体の復活、未来の予言などを「文字通り」に信じることは、さすがに苦しくなってきたということである。

ここでリベラルな神学者や教会は、科学的知見と矛盾しない範囲で聖書を信じることにした。信仰は時代時代の知性のあり方との相関関係にあると見なし、超古代の人々には文字通りの真実のように表象されたこれらの条項も、現代の信者は文字通りに受け取らなくていいと解釈するようになった。神が天地を六日間で造ったというのは、古代人が儀礼の中でシナリオとした神話的表象であり、言いたいことは「天地の主宰者は神だぞ」ということである、といった具合だ。キリストの奇跡や復活にしても、何らかの心理的表現、一種の文学と見なすことができる。

そもそも一九世紀には聖書そのものの文献学的研究が進み、これがあちこち矛盾だらけであること、古代のさまざまな神話や伝承の中で徐々に組み上げられたものであることが明らかになりつつあった。高等教育を受けた者は、教会人も含めて、新時代の知見を大幅に取り入れながら、あくまで「実存」的な出来事としての信仰との調整を図ってきたのである。

そういう「弱腰」な姿勢を神への裏切りとするのが、ファンダメンタリストだ。神信仰という強力な枠組みがあるとき、たぶん人口の何割かは、どうしてもファンダメンタリズムに傾いてしまうものなのだろう。世の中には何にだって機械的に固執する人間がいるものだ。そういうタイプの人間が声高に主張して、時代の流れに不安を感じている人々を引っ張り込み、一つの勢力をつくるのである。

ファンダメンタルズを信じるのがファンダメンタリストだが、より一般的な定義をすれば、「聖書（教典）の文言を字義通りに読んで信じようとする人」のことをこの言葉で呼ぶことになる。アメリカのバイブルベルトと呼ばれる南部の小都市や農場などで暮らす昔気質の者たちは、みな素朴に聖書を信じているので、今も昔もファンダメンタリストである可能性が高い。すでに述べたように、強い回心体験をもち布教伝道に熱心なプロテスタントを福音派（エヴァンジェリカル）と呼ぶが、彼らも聖書の解釈に関しては概ねファンダメンタリストだと言えるだろう。

ファンダメンタリストはやがて淘汰されるだろうと知識人たちは思っていたが、福音派を中心に、宗教保守勢力は二〇世紀後半にがぜんパワフルになった。テレビ番組をもつスター伝道師なども出現し、寄付金を集めて各地に巨大な教会堂を建てるようになった。これは同時期における社会全体の保守化、右傾化とも連動している。

ファンダメンタリストあるいは福音派プロテスタントの増殖現象には、六〇・七〇年代のベトナム反戦時代の対抗文化（カウンターカルチャー）に対する再カウンターという性格もあるようだ。カウンターカルチャー世代とは戦後のベビーブーマーで、日本で言えば団塊だ。彼らは反戦、人権をもって政府と戦い、文化的にはロックやドラッグをたしなみ、宗教的には禅やヨーガなどの東洋宗教、キリスト教以前の西洋の異教などにシンパシーを寄せた（先の節で説明したニューエイジの奔りである）。この手の文化やこの手の文化を許容する主流文化に距離を置き、「キリスト教国家アメリカ」を復活させたいと躍起になっているのが福音派やファンダメンタリストというわけだ。

ファンダメンタリストは、さまざまな形で保守的な主張を行なっている。学校教育は聖書の精神に基づいて行なわれるべきだ（日本で言えば教育勅語復活を狙うようなもの）。妊娠中絶はご法度である。同性愛も駄目、ニューエイジや異教はすべて駄目、ハリー・ポッターも駄目（?）、ヨーガパンツも駄目（!）、とタブーだらけだが、中でも科学にとって最も深刻なのは、進化論に向けられた敵意である。

コラム

モンキー裁判

ファンダメンタリストの名を有名にしたのは、一九二五年のスコープス裁判である。それは進化論教育の妥当性をめぐる裁判であった。揶揄を込めてモンキー裁判と呼ばれる。

いきさつはこうだ。テネシー州は州法で公立校での進化論教育を禁じた。アメリカ市民自由連合（ＡＣＬＵ）はこの州法を違憲へと持ち込むための作戦として、地元の高校教師ジョン・スコープスと組んだ。進化論を生徒に教えたスコープスをめぐってローカルな裁判が始まったが、検察側と弁護側に当時の全国的有名人が立ち、裁判の様子がラジオで全国中継されたので、アメリカ人の記憶に残る裁判となった。

州法違反ははっきりしているからスコープスは負けたのだが、聖書の記述がまともかどうかをめぐる論争が全国的な反響を呼んだ。ファンダメンタリストは全国の笑いものになった。ちなみに当時、都会の知識人たちはすでに進化論を難なく受け入れていたし、聖書を文字通りに読まないという姿勢も、学識ある者たちの間では当然のものになりつつあった。

公判の中で、検察側代表のウィリアム・ジェニングス・ブライアン（民主党の三回の大統領候補者で婦人参政権成立の立役者）は、天地創造の記述を含めて、すべてを聖書通りに受け取るべきとの立場であった。被告弁護人クラレンス・ダロー（ACLUメンバーの不可知論的知識人）は、聖書の字義通りの解釈が無理であることを論じた。

ダローは次のように詰め寄った。聖書の記述には意味不明の箇所がある。たとえば天地創造の四日目に太陽が創造されている。しかし四日にわたって朝夕がめぐったと書かれているのはどういう意味なのか？　ブライアンは、朝夕というのは単なる時間の単位なのだと言った。「一日」は今日言うところの「一日」ではないのだ。

結局ブライアンは、自分もまた聖書を（字義通りに読むというよりも）解釈して読んでいることを認めざるを得なかった。となると、他の者にもそれなりの解釈の権利があることを認めなければならなくなる。「ブライアンを応援しに来た聖書の直解主義者たちは驚愕し、不平を鳴らし、ブライアンの敗北に落胆した」とスコープスは述べている（エドワード・J・ラーソン *Summer for the Gods: The Scopes Trial and America's Continuing Debate Over Science and Religion*、189ページ）。

聖書を直解的に読みたいと思っても、どうしても解釈が必要になる。だから大事なのは、聖書の一つの読み方を法的に強要することではなく、自由な解釈を認めることではないか？　これが被告弁護人のロジックであった。

この裁判の様子は一九六〇年の映画『風の遺産』に描かれている。これは非常によくできた法廷ドラマだ（一九九九年のリメイク『風の行方』もある）。映画では、裁判のあった都市を、テネシー州の小都市デイトンから南部の某州の「ヒルズボロ」に、被告の教師をジョン・スコープスから「バートナム・ケイト」に、検察側代表弁論者をウィリアム・ジェニングス・ブライアンから「マシュー・ハリソン・ブラディ」に、被告側弁護人をクラレンス・ダローから

エドワード・J・ラーソン
Summer for the Gods
スコープス裁判および米国における科学と宗教の論争を調べた歴史ドキュメンタリー

「ヘンリー・ドラモンド」に変えている。内容はドラマティックに仕立てられているので、もちろん史実通りというわけではない。裁判に至るまでのいきさつも異なるし、町の雰囲気も実際以上に魔女狩りムードだ。

なお、映画（これ自体は一九五五年の人気の舞台を映画化したもの）の表題の“Inherit The Wind”は聖書の箴言一一章の「家に煩いをもたらす者は風を嗣業とする者」による。意味は「家族が喧嘩する家には何も遺らない」。映画とその前身の舞台の製作の動機は、実は五〇年代のマッカーシズム（共産党シンパを追放するというアメリカ全土の集団ヒステリー）にある。赤狩りだろうが宗教的原理主義だろうが、狂信によって仲間割れをした国家の将来は虚しいということを描きたかったわけだ。

映画『風の遺産』

ファンダメンタリストの反進化論

それにしてもなぜ進化論がいけないのだろうか？　確かに聖書の創世記には神が六日間で全世界を、そこに住む生物とともに創造したと書いてある。これを字義通りに受け取れば、物理学的宇宙論も、天文学一般も、地質学一般もたいがいアウトになってしまうのだが、ファンダメンタリストがとくに禁忌とするのが生物学の進化論だ。どうやら人間とサルとを親戚にするのがいけないらしい。人間を一般自然界とは異なる神の似姿としての道徳的存在と見なしたいのである。

伝統的イスラム教徒も進化論には難色を示しているし、ボコと呼ばれる西洋式教育をハラム（禁忌）にせよというアフリカのイスラム過激派ボコハラムなどでも、進化論に敵意が向けられている。カウンターカルチャー時代にジョージ・ハリスンが傾倒したというヒンドゥー系の新興教団ハレー・クリシュナでも、進化論は駄目だそうである。人間を自然一般とは区別したい信者たちはそのように考える傾向にあるということか。

保守的な信仰者の間で進化論の評判を落としている材料の一つは、おそらく進化論に含まれる自然淘汰の概念である。これは「弱者は負けて当然」とする弱肉強食のイデオロギーの正当化と受け取られやすい。確かに、ファンダメンタリストが登場した二〇世紀初頭は、俗流進化論として人種差別や階級差別を「科学」的に正当化する風潮があった。悪名高い優生学もナチスのユダヤ人虐殺もそうした時代的論理から生まれた。

というわけで、もし進化論が一般社会に弱者切り捨ての無謀なイデオロギーを流通させたのだとすれば、弱者の味方を自任する保守的な宗教家たちが対抗策として反進化論にしがみつくようになったことも、理解はできるのである。

人とサルとを区別せず弱肉強食を正当化する邪悪な進化論は諸悪の根源ということになった。ファンダメンタリストによれば、進化論の容認はあらゆる道徳的退廃をもたらすパンドラの箱である。そうした道徳的退廃の中には、アルコール耽溺、ドラッグ、ポルノ、堕胎、ロック、テロ、自殺、共産主義、ヒューマニズムなどが入っている（ヒューマニズム＝人間主義は神主義ではないから邪悪とされる）。もとより論理的な話ではない。風が吹けば桶屋が儲かるような話である。

さて、では、どのようにして進化論を批判したらいいだろうか？　最初ファンダメンタリストは「聖書の記述に合わないから科学者の説は受け入れられない」とだけ言っていたのだが、これではさすがに無知蒙昧に聞こえるので、二〇世紀後半からは「我々の反進化論もまた科学だ」と主張するようになった。そして学校の理科の授業では進化論と（聖書の科学たる）反進化論とを並べて教えるべきだと主張した。生徒に選択の機会を与えるという名目である。

だが、ファンダメンタリストの提唱する反進化論は本当に科学なのだろうか？　科学ではない、というのが、科学界、教育界、司法界の判断である。それは科学を偽装した疑似科学であると。

ファンダメンタリストの反進化論は「神」という言葉を使わず「知的設計者 intelligent designer」と呼ぶ（それゆえこの説はインテリジェント・デザインとかＩＤなどと通称されている）。彼らはあれこれ事例を挙げて、通常の進化論の説明には綻《ほころ》びがあると主張する。といって、彼ら自身は代わりの科学的説明の構築にいそしむわけではない。ただ「知的設計者」すなわち神の介入がなければ生物のような複雑なものは生み出されないとドグマを述べるだけである。もちろんこれは科学的説明ではない。「自分には説明できない」ということを「神のわざだ」と言い換えただけだ。彼らが進化論の問題点を指摘するところだけは科学的に見えるかもしれないが、これとて中途半端なものであり、進化論者によって再反論が可能なものである。

しかし、ファンダメンタリストには科学者を含めたリベラルな論壇そのものへの直観的な不信感があるので、どのような反論を突き付けられても彼らはひるまないだろう。疑似科学的な語り口で信者を釣る彼らのやり方は、彼らの擁護する道徳的美徳にもとるように思われるが、彼らは根っこのところで自分たちに正義があると信じているので、手段の道徳性には拘泥しないようだ。リベラルの大義を信じる『ダ・ヴィンチ・コード』の作者がトリッキーな手法を使うことに拘泥しなかったのと（方向性は逆だが）同じである。

反進化論は社会に不満をもち保守的な気持ちに傾いている宗教信者にとっての通過儀礼のようなものだ。反進化論を受け入れることで、聖書への信頼を目に見える形でアピールできるし、社会の主流派に対してNOを突き付けることができる。一般の信者が生物学の議論それ自体にそれほど深い関心をもっているとは考えられない。ただ、奇妙な「踏み絵」として進化論論争が選ばれ、定番の通過儀礼として定着したのである。

ドーキンスの『神は妄想である』

生物学者リチャード・ドーキンスは『利己的な遺伝子』という進化論の啓蒙書を著した。タイトルに含まれる「利己的な」という言葉は誤解されやすい。この本は生物学的知見として利己性を推奨しているわけではない。進化論の「淘汰」の概念は弱肉強食を肯定するものだと思っている向きには、そのように聞こえてしまうかもしれないが。

ドーキンスの主張の要点は、生物個体ではなく遺伝子のレベルに利己性があるというものである。太郎さんや花子さんのような生物個体は、利己的な遺伝子のサバイバル戦によってむしろ利他的に振る舞うことになる。だからドーキンスの議論は、進化論に帰せられがちな非道徳性の嫌疑を晴らすものであるのだが、しかし、やっぱりファンダメンタリストは納得しないかもしれない。というのは、遺伝子であれ個体であれ、生物の物理的な仕掛けそのものに「利他」のような道徳性の起源を求めるのは、彼らにとっては邪道だからである。道徳が自然に帰せられるならば神様は不要になってしまう。これが彼らにとっての不満であり不安なのだ。

ドーキンスは、ファンダメンタリストがしばしば用いる印象論的な論法に騙されないよう、読者に注意を促す。

たとえばボーイング７４７の比喩というのがある。生物は極めて複雑なもので、これが偶然によって組み上がったものだとは当然考えられない。それはちょうど、ガラクタ置き場をハリケーンが襲った結果、ばらばらの金属片や機械部品が運よくボーイング７４７として組み上がるなんてことが考えられないのと同じである。――この比喩が言おうとしているのは、生物のように複雑霊妙なものは偶然によっ

リチャード・ドーキンス
『神は妄想である』

てではなく、ちゃんとしたお膳立てのもとに（知的設計者すなわち神の計らいによって）出来上がったに違いないということだ。

このように主張されると神の存在を信じたくなるという人が、どのくらいいるものだろう？　よく分からないが、たぶんそれなりに効果があるのだろう。

ドーキンスによれば、この比喩は故意にミスリーディングを狙っている。聞かされる者は偶然／設計という二択しかないと思ってしまう。進化論は神の設計を持ち出さないのだから、当然偶然説だということになるだろう。だとしたら進化論はナンセンスだと判断されてもしかたがない。

しかし、進化論はこのような意味での偶然を説くものではない。まったくの偶然を持ち出すのでもなく、好都合な設計者を呼び出すのでもなく、第三の中道の答えとして提出されているのが、進化による漸進的な発展というビジョンなのである。原始的でシンプルな構造が少しずつ新たな構造を獲得してゆき、そのたびごとに自らの機能を複雑化していく。途方もない年月をかけたこの微細な改変の過程によって、現在の高度な生命構造が生まれたというのだ。一個一個のプロセスには偶然の戯れがかかわっている。しかしそれはボーイング７４７の比喩における暴風雨のデタラメな作用とは何の類似点もない。

改めて考えてみよう。偶然説、進化説、知的設計者の介入説の三つがあるとすれば、どれが最も妥当と思われるだろうか。

Ａ、偶然説（ガラクタの山から一挙にボーイング７４７へ）は確かに説得的ではない。

Ｂ、進化説（ちょっとずつの改変の連続）は論理的に無理がなく、仮説としてこれまで十分機能してきた。

Ｃ、設計説（設計者がいて生物を完成形として創出した）はある意味で偶然説に似たものである。すなわち、Ａ偶然説もＣ設計説も、プロセスという考えを欠いている。何事もちちんぷいぷいの魔法で一挙になされると考えるのである。Ａ偶然説はその魔法が自然の中で偶然生じると言っているのであり、Ｃ設計説は天の神様がその魔法をかけると言っているのだ。そう考えると、設計説は科学というよりも奇跡信仰と同質のものだということが分かるだろう。

進化説というのは、物事の展開を複雑な因果の蓄積のプロセスと見る考え方である。こうした考え方は科学の思考そのものである。進化論は一部の科学者の断片的な思いつきというわけでは全然ない。進化論には科学全体を覆うネットワークのような広がりがある（なお、本書第4章2節参照）。

決然とした無神論へ

ここが大事なところだが、科学者は進化説のあれこれの説明を絶対の信仰箇条としているわけではない。単に、進化論的説明が今のところ最も説得的であり、（ＩＤ論者の批判にもかかわらず）真の矛盾は見つかっていないから、とりあえずこれで行くと言っているだけである。絶対が無いというのは、信仰者にとっては不安かもしれないが、理性に従う者はこうした状態に耐えていくしかない。

ファンダメンタリストはオール・オア・ナッシング的な議論が好きである。進化説は漸進的で蓄積的なものの見方をするが、そういうまだるっこしいものがファンダメンタリストは大嫌いなのだ。

我々にとってドーキンスの議論は、そうした疑似科学に騙されないようにするための手引きになる。これはリベラルな信者にとっても便利である。プロテスタントの主流の教会もカトリック教会も、進化論をとっくの昔に受け入れており、ファンダメンタリストの反科学がキリスト教の評判を貶めることを憂えてきた。だから、彼らはドーキンスの説明を喜んで受け入れる。

しかし、ドーキンスはさらに進んで、過激なことを言う。ファンダメンタリストの神だろうが、リベラルの神だろうが、およそ神の概念はすべてナンセンスだと主張するのである。科学の実証的な議論に耐えられず、一挙に飛躍的な結論を持ち込もうとするもの、それが神の信仰だ——そのような考えだ。『神は妄想である』という本のタイトルからも分かるように、神を妄想／勘違い（delusion）と見なすのが、ドーキンスのスタンスだ。

ドーキンスのこの主張は、一般に科学とは敵対関係にないリベラルな信仰者たちを面食らわせた。神それ自体を否定するのは、科学者としてはやりすぎではないのか？　神学という学問分野に対する越権行為ではないのか？　ドーキンスの攻撃的な態度、オール・オア・ナッシング的な態度もまた一種のファンダメンタリズム——科学原理主義——ではないのか？

ドーキンスはなぜ強い主張を行なうのだろうか？　私見によれば、彼が「原理主義」的に神の概念を一切退けるのは、神という概念そのものに本質的に奇跡待望的な性格があると見ているからだ。

なるほどファンダメンタリストの議論は幼い。リベラルな宗教者ははるかに知的に洗練されている。しかし、信仰が信仰である限り、それは神を単なる仮説として想定するのに留まらず、もう一歩踏み込んで「心で神を受け入れる」というところから話をスタートさせるものではないだろうか。その神の正体ははっきりしないが、少なくともそれはオールマイティな力を具《そな》えたものだと考えられているのではないか。そのようなものを無条件に信じる心性がある限り、たとえリベラルといえども、科学的推論を汚染してしまう可能性があるのではないか⁉

もし神が単なる心理的比喩だ、宇宙への畏敬から生まれたレトリックだというのであれば、ドーキンスだって文句はない。彼はキリスト教の美術、讃美歌、イスラム教のアザーン（モスクへ集まれと呼びかける朗唱）の美しさは否定していない。アインシュタインは「神はサイコロをふらない」などといった比喩を用いて議論をしたが、そういうレトリックを用いることも――紛らわしいとは言っているが――否定していない。

現代日本人は、神仏やご先祖様に祈るのは心理的な慰めの類だと聞いても、とくに反発しないかもしれないが、一神教の信者や神学者は、彼らの大事な神（天地創造の神！）が人間の心理現象に還元されきってしまうのを忌み嫌う。神は人間の心持ちを離れた客観的な実在だとどうしても考えたいのである。

だが、心理現象ではない形で実在しているような何らかの存在が、自然科学の扱う物理現象や物理的空間にまったく無関係に生息できるとは考えにくい。たとえば、もし神への祈りに効果があるのだとして、それが単なる心理的慰めや勇気づけではないのだとすれば、祈りによって物理的な変化が現れる――科学法則を超えた形で病気が治る、交通事故や軍事衝突が回避される、など──としか考えられないだろう。

だとすれば、神への祈りに意味があるという宗教家の観念は、立派に物理学の領域を侵害していることになりはしないか。保守であろうとリベラルであろうと。

実際、ドーキンスは、科学は経験的な世界を扱い、宗教は究極的な意味や道徳的問題を扱う──したがって科学と宗教は対立し合う関係にない──といった、休戦協定のような分業の線引きは無意味だと考えている。彼は次のように皮肉る。

何らかの驚くべき一連の状況によって、イエスは本当に生物学的な父親を欠いていたことを示すＤＮＡの証拠を法考古学者が発見したと想像してみてほしい。何らかの宗派を擁護する護教家が、肩をすくめながら、次のような台詞にちょっとでも似たようなことを言うなどということが考えられるだろうか？「知ったことか。科学的な証拠は神学上の疑問とはまったく何の関係もない。教導権がちがうよ！　われわれに関心があるのは究極的な疑問と道徳的価値観だけなのだ。ＤＮＡもほかのどんな科学的証拠も、この問題にはどんな形にせよ、何の意味ももちえない」。

冗談ではない。科学的証拠が出てくれば、どんなものであれ飛びついて、声高に吹聴することは、絶対に確実だ。（垂水雄二訳『神は妄想である』92・93ページ）

つまり、ドーキンスによれば、(リベラル、保守の違いを問わず)あらゆる宗教家は、神なる存在が(心理的、哲学的、道徳的な意味のみならず)物理的な意味でもこの世に存在の基盤を置いていると、必ずや信じている。だから彼らが科学と宗教は話の次元が違う、持ち分が違う、教導権が違うと主張するのは、ただ、宗教にとって不利なことを科学者からとやかく言われたくないからにすぎず、たまたまどこかの科学者が宗教にとって有利そうに見えることを口走ったならば、随喜の涙をこぼしてそれにしがみつくだろうと言うのである(なお130ページも参照のこと)。

どこまで啓蒙は可能か?

二一世紀になってドーキンスのような無神論の啓蒙家がどしどし活躍するようになったことの背景には、先にも述べたように、英語圏とくにアメリカにおけるファンダメンタリストの疑似科学的主張の氾濫があるが、啓蒙主義の科学者や評論家たちは、さらに進んで神概念一般、宗教一般を攻撃するようになった。

ともあれ、原理的な問題をとことんまで追究するのが西洋文明のあり方だ。科学の立場から、そもそも迷信や妄想ではない宗教的主張というのはあり得ないのではないかと詰め寄られれば、宗教家もなかなか有効な反論ができない。

ドーキンスの厳密な科学的議論に熱心に耳を傾ける者、それを理解できる者がそうたくさんいるわけではないはずだ。しかし、著名な科学者が無神論の旗を振り出したということは、信仰に関してどっちつかずであった多くの人々にとって決定的な影響力をもつに違いない。徐々に広がってきた漠然とした宗教嫌いの感情に、ドーキンスのような威信ある著名人によって、はっきりとした指針と政治的アジェンダが与えられたのである。

ここで一つ問題があるとすれば、このようなことであろうか。

ドーキンスの科学論は誰にでも分かるイロハのロジックであるはずにもかかわらず、こうした議論を得意とする人と得意としない人とがあることはどうしようもない。それは信仰的に保守かリベラルかには関係がない。となると、もし、こうした議論に完全にはついていっていないが、感覚的にドーキンスを支持して旗を振る人が現れた場合（必ずやいるはずだ）、そうした人々の信念と行動は、結局、宗教や政治的イデオロギーの信者の行動様式に似てきはしないだろうか。

無神論もまた「宗教」であるとか、ドーキンスの主張もまた「ファンダメンタリズム（科学原理主義）」であるとかいう主張が出てくるのは、おそらくこのことと関係があるだろう。ここに「宗教」について考える際の、理系的なセンスと文系的なセンスの差もかかわってきそうだ。理系的人間にとっては、神も宗教的教義もすべてシロクロをはっきりつけられる科学的命題である。しかし、文系的人間にとっては、宗教は人間心理と社会的力学が複雑に織り交ざったたいへん不純な政治的な空間上の出来事である。

認識や哲学のレベルでは、ドーキンスの議論に分があるだろう。だが、認識や哲学を語る者たちの生息する社会空間の政治力学というレベルでは、無神論もまた政治という回路を通じて限りなく宗教に似た振る舞いをするものになっていく可能性があるのだ。

この点については、本書第5章で再び論じる。

コラム

「空飛ぶスパゲッティ・モンスター教」

ファンダメンタリストの反進化論は、副産物として、奇妙な「新宗教」を生み出した。「空飛ぶスパゲッティ・モンスター教（Flying Spaghetti Monsterism）」はその名から分かるように、おふざけ宗教であって、あくまで宗教のパロディである。

二〇〇五年にカンザス州で、ファンダメンタリストの運動が功を奏して、公教育において進化論と並んで「知的設計者」説も教えなければならないということになりそうになった。そこでこの動きを攪乱せんがために、ボビー・ヘンダーソンという人物が、さらに三番目の教説として「空飛ぶスパゲッティ・モンスター教」の理論も教えることを検討せよと公開質問状を提示したのである。

「空飛ぶスパゲッティ・モンスター教」によれば神「空飛ぶスパゲッティ・モンスター」が天地を創造した。これが間違いだという証拠はない。聖書の神による天地創造が間違いだという証拠もない。「空飛ぶスパゲッティ・モンスター」を信じるべき義理は誰にもない。聖書の神を信じるべき義理も誰にもない。
出所：Athesit Republicのツイッター

理屈はこうだ。「知的設計者」説は、生物の成立において「知的設計者」の介入があったことを説く。それが聖書の神だとは断じていないが、ファンダメンタリストはそのつもりである。もしその理屈が通るのであれば、同様の理論をもち、他の神を想定している他の宗教の説もまた、公教育の場において、対等に教えるべきではないのか？　その「他の神」が「空飛ぶスパゲッティ・モンスター」なのである。「空飛ぶスパゲッティ・モンスター」が馬鹿げていると言ったところで、ファンダメンタリストの説も同程度に馬鹿げていると科学者たちは見なしているのだ。ファンダメンタリストの説を公教育で教える

ボビー・ヘンダーソン*The Gospel of the Flying Spaghetti Monster*の邦訳タイトルは、意表をついて『反・進化論講座』となっている。間違ってキリスト教ファンダメンタリストが買って、内容にびっくりするかもしれない？　原書にスパモンのシンボルマークがある。

のが（保守派のブッシュ大統領が賛同するように）教育の公正性だというのであれば、「空飛ぶスパゲッティ・モンスター」の説を教えるのも教育の公正性だということになるだろう。

このロジックは重要だ。トンデモ系の論者はしばしば、「まともな説」と「トンデモ説」を並べて、それが対等な選択肢であるかのような印象操作をする。多くの人は深く考えないから、どちらもフィフティ・フィフティの確率だと思ってしまう。しかし、「トンデモ説」の別のバリエーションをここに並べてみればどうなるだろう？　潜在的には同様の「トンデモ説」が無数にあり得ることが分かるだろう。「トンデモ説」の価値が下落するにつれて、人々は、そもそもそれがトンデモ説であったことに気づいていくだろう。

「空飛ぶスパゲッティ・モンスター教」の信者は

「パスタファリ」のように呼ばれる。これはジャマイカの新宗教ラスタファリのもじりだ。主要な教義は……天地は神「空飛ぶスパゲッティ・モンスター」によって創造された。公教育では進化論のみならず、この創造説も教えるべきである。「空飛ぶスパゲッティ・モンスター」の姿は、ミートボールと混ぜたスパゲッティそっくりである。祈ったあとには（「アーメン」ではなく）「ラーメン」と言う。……まだまだいろいろあるが、興味のある方は『反・進化論講座　空飛ぶスパゲッティ・モンスターの福音書』（ボビー・ヘンダーソン著、片岡夏実訳）を御覧あれ。

4　クリストファー・ヒチンズとアーミン・ナヴァビ

ポストモダンからヒチンズ『神は偉大ではない』へ

かつて流行したマルクス主義は「科学」と称しており、マルクスの「宗教は阿片である」という言葉は誰もが引用した。中国は日本と並んでアンケートに「無神論者」と答える者が多い国として知られているが、一九七一年の新華字典（最も普及した小型の字典で啓蒙書を兼ねている）で「教」の字の項目にある「宗教」の説明を見てみると、はっきり「迷信」と書いてある。「在階級社会中、剝削階級利用宗教麻痺人民的闘争意志、以維持他們的反動政治。宗教是麻酔人民的鴉片」――階級社会にあっては搾取階級が宗教を利用して人民の闘争意志を麻痺させ、反動政治を維持する。宗教は人民を麻酔するアヘンである。

ここで社会主義の話を持ち出したのは、一昔前は知識人の間で左翼思想が当たり前だったからだ。六〇〜七〇年代のベトナム反戦時代には、日本でも欧米でも論壇の主流も若者の流行思想もみな左であった。

しかるに、政治と宗教は相通ずるものをもっており、学生運動などに飽きた若者は対抗文化（カウンターカルチャー）なる精神世界にどんどん流れ込むようにもなった。日本で言えば山岸会のようなコミューンは、共産主義的でもあれば、宗教的情念の受け皿的でもあった。近代の啓蒙思想に疑義を呈したポストモダン思想においては、近代科学も未開の呪術も同列にしてしまうような相対主義が幅をきかすようになった。八〇年代頃には、日本でもアメリカでもどこでも、「シニフィアン／シニフィエ」「エクリチュール」「デコンストラクション」といった呪文のようなフランス系思想用語がひどくユルい調子で使われるという、地に足のつかない状況が現出した。

そうした宗教っぽい雰囲気に冷や水を浴びせたのは九五年のオウム真理教地下鉄サリン事件であり、またその頃に相次いだ各種カルトの暴発事件であった（キリスト教系では九三年にブランチ・ダビディアンなる教団が武器をもって立て籠もりアメリカ国家と戦争になった事件が、ニューエイジ系では九七年にヘールボップ彗星とともに現れるという宇宙人の救済を信じて集団自殺したカルト集団ヘヴンズ・ゲートの事件があった）。

知の世界では、ポストモダン思想の呪術性を苦々しく思っていた数学者アラン・ソーカルが、わざとデタラメな自然科学用語を散りばめた評論をポストモダン系の著名な雑誌に投稿してみたら、なんとびっくり、まんまと載ってしまったという事件が起きた（一九九五年）。これはポストモダン思想への信頼を著しく低下させた。この頃を境にポストモダンブームは急速に萎んでいき、左翼的気分もろとも人文社会科学そのものの威信が低下してしまった。アメリカで、精神分析の流れをくむカウンセリングが、幼児虐待などの虚偽記憶を蔓延させたことが強く批判されるようになったのも九〇年代である。

二〇世紀末から二一世紀にかけて、目立つようになったのは、パソコンとネットの情報革命、新資本主義の経済効率主義、七九年のホメイニ革命以来のイスラム復興とイスラム過激派のテロ、先進諸国の右傾化である。つまり対立が激化し、世界は分断されるようになった。反知性的な宗教活動が激しさを増す中、もはや「宗教」に対してナイーブにシンパでいられる時代ではなくなった。

ドーキンスと並んで無神論の騎士として知られる英国・米国籍の故クリストファー・ヒチンズ（一九四九年〜二〇一一年）は、文芸評論家にしてジャーナリストである。思想遍歴的には六〇年代・七〇年代のカウンターカルチャー的なプロテスト運動の支持者としてスタートし、最晩年までマルクス主義者との自覚をもちつつ、イスラム台頭以降の左翼の曖昧な姿勢に対しては批判に向かい、二〇〇一年アメリカ同時多発テロ以降のブッシュの「テロとの戦い」の支持に向かった。左右の枠に入らない、我が道を行く手ごわい論客である。

ヒチンズ*God is not Great, The Portable Atheist*

ヒチンズは全体主義が大嫌いであり、神だの至高者だのの概念こそ、個人を圧殺する全体主義の元凶と考えた。彼の有名な*God is not Great*（神は偉大ではない）には、繰り返し「宗教はあらゆるものに毒を盛る」と書いてある。ただでさえややこしい社会問題、政治問題、個人の精神の問題を余計にいじくり、対立を狂気じみたものにするのが宗教だというのだ。とりわけ彼が嫌っているのはキリスト教、ユダヤ教、イスラム教という（彼の言い方では）「悪の枢軸」であるが、彼は公平に、仏教やニューエイジも批判する。

マルクスは宗教を「民衆の阿片」と呼んだが（『ヘーゲル法哲学批判序説』）、文脈から読み取るに、その真意は「宗教の幻想を民衆に棄てろと言うためには、民衆をして幻想に走らせる現実に対する改革が重要だ」という話の流れであり、民衆が宗教に走るのは仕方がないという立場でもある。だからこの言葉は宗教批判としても引用されるし、民衆擁護、したがって民衆が慰安を求める宗教の擁護としても引用可能である。とくに日本のポストモダン系の左派知識人が「精神世界」的な宗教にシンパシーを寄せたのは、この線に沿ったロジックだ。

しかしマルクスが前提としているのは「人間が宗教をつく

る」ということであり、宗教を「倒錯」と見ることであるのだから、神学的認識に焦点を置くなら、そこにある基本のロジックは、やはり無神論であり反宗教だ。

では、宗教が民衆に救いを与えることはどう評価すればいいのか？

ヒチンズは「宗教家はしばしば信仰は慰安という仮説的な必要に応えるものと主張するが、私はただこう言うだけだ。偽の慰安を与える者は偽の友人だと」（*God is not Great* 第一章）。民衆が望んでいるから宗教はOKだというのは偽の友人の言うことだと、にべもない。宗教はプラシーボ（偽薬）だと彼は言う。なるほど、いくら慰安になるからといってホメオパシーを認可するのは危険であるというのと同じ理由をもって、いくら人々が求めているからといって、存在が実証されていない神を信じる宗教にいい顔するのは危険だ、というのは理屈が通っている。

ヒチンズをめぐる三つの注目点

ヒチンズの議論をめぐっては、次の三点を指摘しておこう。

第一点。二一世紀になって彼の主張が支持を集めているのは、二〇世紀後半のポストモダン的な「近代」批判、「啓蒙」見直しが一巡して振り出しに戻り、やはり宗教の迷妄を駆逐する啓蒙主義が必要だという認識が広まっているからである。

この傾向の背景には、ニューエイジ系カルト、キリスト教ファンダメンタリスト、過激イスラム主義者の愚行の蓄積がある。世の人々が求めているからといってそれを受け入れるわけにはいかないことは、政治的ポピュリズムの危険性のことからも理解できるし、階級的に抑圧されている「民衆」なる集団が、内部を見ると、女性の性器を除去するとか、アルビノの肢体を呪術に用いるとか、同性愛者を迫害するとか、反進化論を真顔で信じるとかやっているのだから、ナイーブに民衆に同調するわけにはいかない。

第二点。ヒチンズの批判の対象は、強い神概念をもつ一神教に限ることなく、あらゆる宗教に及んでいる。ドーキンスは儒教や仏教などには甘い点を与えているし、一般に多神教やニューエイジ的異教は無神論者・無宗教者に寛容に迎えられる傾向があるので、ヒチンズのほうが徹底していると言える。ヒチンズはブライアン・ヴィクトリアの『禅と戦争』を引用して、仏教が戦前に無批判に帝国主義や殺戮に同調したことから、悟りなどもあてにならないものとしている（同第一四章）。

第三に、ヒチンズが自分は子供時代から懐疑主義的であったと回顧していることが注目される。彼は幼少時代、聖書の読解の授業などは好きだったと言う。なんせ文芸評論家になったくらいだから、文章の文脈的読解は生来得意なのだ。しかし、あるとき先生の言っ

ブライアン・ヴィクトリア
『禅と戦争』

た言葉が子供の彼を躓《つまず》かせた。先生は生徒たちに美しい自然を見せて「さあみなさん、神様がどれほど力に満ちていらっしゃり親切でいらっしゃるかお分かりでしょう。神様はあらゆる木や草を緑色になさいました。緑は私たちの目に最も優しい色です。草木が紫だったりオレンジだったりしたら、とてもひどいじゃありませんか」(同第一章)。

先生の言葉が素朴すぎることは読者諸氏にはすぐにもお分かりだろうが——人間の目の感覚にとって都合のいいように自然がつくられたのではなく、自然に合わせる形で(というか自然の一部として)人間の視覚が形成されたのである——、しかしこれは、たいていの宗教家が遅かれ早かれ言い出しそうなロジックである。ファンダメンタリストの知的設計者説も、同様のロジックに基づく奇説なのだ。

子供時代のこの体験以降、ヒチンズはあらゆる宗教的言説に「?」をつけるようになった。自分が特別利発な人間だと言いたいのではない、潜在的には似たような経験をした子供は大勢いるだろうと彼は言う。

「神は偉大ではない」とは「宗教は偉大ではない」ということである。宗教の聖典にはしばしば迷信や差別的言辞が書かれており、宗教の習慣にはしばしば残酷なもの、抑圧的なものがあり、宗教はあらゆる問題に毒を混ぜ、人々を独善に走らせ、異教徒との間に断裂を入れる。彼は無神論自体は信仰ではないと言う。彼は新たな啓蒙主義の必要を唱える。

ヒチンズは二〇一一年に癌で亡くなった。宗教家はしばしば、どんな無神論者でも自分の死を前にしたら気が弱くなって回心するものだと言う。ヒチンズはこれを嫌って、仮に死の床で神を認めたなどと口走っても、それは脳機能の低下による妄想だから気にするなと言った。彼は宗教の信者たちが「あのヒチンズさえも死の床では回心した」という噂を流すことを警戒してこのように述べたのである（二〇一〇年のＣＮＮインタビュー）。

故クリストファー・ヒチンズの言葉を流すツイッター

コラム

ギリシャ哲学からキリスト教へ——無神論を内蔵する文化

ヒチンズには *The Portable Atheist*（携帯用無神論者）という古今の無神論的テキストのアンソロジーがある。なかなか便利な本だ。

それに収められている最も古い文献は、ルクレティウスの『物の本質について』である。紀元前一世紀の哲学者だ。当然、彼が前提としているのはキリスト教ではない。だから一神教を相手に批判しているわけではない。彼はエピクロスという哲学者の思想に従って本書をまとめており、当人の創意の部分は少ないのだそうだ。エピクロスは基本的には唯物論的にものを考えている。いわゆる原子説である。アトム（原子）という言葉を創ったのは古代ギリシャ人であり、唯物論は紀元前から存在しているのである。ルクレティウスは宗教について天空から人間を脅かす圧迫者と見ている。

しかし、彼のあと数世紀かけて形成されたキリスト教は、まさしく観念論的な圧迫者として西洋世界に君臨するようになった。ギリシャの曖昧なる多神教よりも、天地創造者に格上げされた一神教の信仰のほうが格段にプレッシャーが強い。

というわけで、古代が終わるといわゆる「中世の暗黒時代」が訪れるのだが、この

「暗黒」には、ゲルマン民族の侵入などによってローマ帝国が壊れてしまい、文明の水準が著しく低下したことも加えられているから、キリスト教ばかりを責めるのは気の毒だ。むしろキリスト教の修道士たちは文明の灯台として働いてもいたのである。

クリスチャンに数世紀遅れて出現したイスラム教徒たちも、古代ギリシャの哲学・科学的文献などをアラビア語に翻訳して研究した。一神教の神の権威は圧迫的とも言えるが、古代の森や山や海に住んでいる神々や精霊たちの気まぐれな働きの可能性を追っ払ってしまったことによって、かえって近代的な科学的思考の用意をしたとも言える。これは多神教やアニミズムのままでやってきた中国や日本やインドからはついぞ科学が生まれなかったことを考えると、無視できない事実である。

ただ、科学的思考が育っていくにつれて、最後まで残された神秘の存在、すなわち天に住まわれる唯一の神が邪魔者になってきた。神は奇跡を起こせると信じられたし、聖書やコーランの文言を通じて人々の具体的行動や思考に制約を設け続けたからである。

そういう意味で、キリスト教と無神論と科学との間には複雑な相互関係がある。ニュートンが神を信じて、その神の法則を明らかにしようと頑張ったことは事実であるし、同時にいろいろ魔術的なことに手を染めたことも事実だ。ホーキング博士が神の存在を否定したりしているが、厳密に彼が無神論者であるとしても、その思考のボキャブラリーや動機付けがキリスト教文化の枠組みの中にあることも否定できない。

本書で扱っているのは二一世紀初頭に台頭してきた無神論の潮流（新無神論ともいう）であるが、無神論の論理は古くから西洋キリスト教文化に内蔵されていた。そのような文化的側面については、竹下節子『無神論——二千年の混沌と相克を超えて』やG・ミノワ『無神論の歴史』等をお読みいただきたい。

アーミン・ナヴァビ『なぜ神は存在しないのか』

無神論の積極的な主張が現れるのがキリスト教世界の特徴であるとも言えるが、これに対して同じく一神教型の神を奉じるイスラム圏のほうはどうだろうか。
ヒチンズの *The Portable Atheist* には一一～一二世紀のペルシャ人オマル・ハイヤームの無神論的な哲学詩『ルバイヤート』が入っているが、あとは二〇世紀後半になるまでイスラム圏のものは取り上げられていない。『悪魔の詩』で有名な小説家サルマン・ラシュディ（インド系）の「〃天国はないとイマジンしてみよう〃——六〇億人の世界市民への手紙」、歴史学者イブン・ワラク（インド・パキスタン系）の『なぜ私はムスリムではないのか』の数章、女性活動家アヤン・ヒルシ・アリ（ソマリア系）の「私はいかにして（またなぜ）不信仰者となったのか」である。これを見ると、現代にあってはイスラムからも無神論が唱えられるようになったことが分かる。

もっとも、ラシュディとアリは欧米圏に住んでいるし、筆名で書いているイブン・ワラクの前掲の本は、無神論で有名なバートランド・ラッセルの『なぜ私はクリスチャンではないのか』（邦訳『宗教は必要か』）へのオマージュであり、西欧圏からの影響は否定できない。

イブン・ワラク *Why I am Not a Muslim*
バートランド・ラッセル *Why I am Not a Christian*

さて、新しすぎてヒチンズの選集には入っていないが、今日、大きな影響力をもっている無神論のテキストは、イラン系カナダ人アーミン・ナヴァビ（一九八三年〜）の著した *Why there is no God*（なぜ神は存在しないのか）である。これは薄い本だが、無神論的論証を手際よく濃密にまとめてある。この本は神の思想や宗教の教えを鬱陶しく思っている人々のためのガイドブックである。要するに、こ

アーミン・ナヴァビ *Why there is no God*とそのペルシャ語訳

の本を読んで信仰者からの論難に応戦しなさいということだ。彼は"Atheist Republic"（無神論者の共和国）という名のホームページをもっており、ツイッターもやっており、世界各地に――イスラム圏に、中南米に、東南アジアに、インドに、アフリカに、そしてもちろん欧米に――賛同者ならびにファンがいる。

イランといえば、一九七九年のアヤトラ・ホメイニのイラン革命以来、イスラム主義の国家となっているが、そういう中で育っても立派な無神論者が生まれ、国外に脱出し、世界に発信する者が出現するという点が大いに注目される。いや、激しい原理主義はかえって強い懐疑を生み出しやすいのかもしれない（その懐疑を表に出すことは危険すぎるゆえ回避されるだろうが）。

ナヴァビの半生は劇的である。テヘランのリベラルな家庭に育ったが、学校は厳格な保守主義であり、永遠に続くとされる罪人の地獄堕ちなどをたっぷり教え込まれた。少年期のアーミンはそれを極めて生真面目に受け取り、いかにして地獄堕ちを免れるか考えをめぐらした。イスラム社会には、いわゆる知的な「ものごころ」がつく以前の少年の罪は閻魔帳につけられないという思想があるらしいのだが、彼はその論理的帰結として一二歳のときに学校の窓から飛び降りて自殺を試みた！　一命はとりとめたが、しばらく車いす生活が続いた。

その後も彼は敬虔に暮らし続けるのだが、宗教を学ぶにつれてむしろ懐疑主義が頭をもたげてきた。自力で思索した結果、神はいないとの結論に達した。テヘラン大学で友人にこっそり無神論を打ち明け、感化に成功、その後、カナダに留学して最終的にカナダ国籍を取得できた。

こうした来歴からすると、彼はかなり頭脳明晰である。頭脳明晰な人はしばしば原理主義的な思考法にハマりやすい。彼が言うには、学校時代、周囲の人間は「地獄」「地獄」と言うわりには地獄の意味をロジカルに深刻に受け止めていないようであり、これが不思議でならなかった。原理主義的な社会にあって果たして文字通りに原理主義的行動を実践するかどうかは、結局は個人的資質の問題なのかもしれない。

頭脳明晰で哲学的にすごい業績をあげながら無条件に神様を信じていた人間としてウィトゲンシュタインが挙げられる。彼を見出した無神論的実証主義者バートランド・ラッセルとは逆の立場だ。ウィトゲンシュタインは、思考が純粋になりがちな――したがって手加減や忖度といったものが苦手な――アスペルガー症候群だったのではないかと言われている。

少なくとも少年期のアーミンにはそういった傾向が強かったように思われる。


少年アーミンの思考の流れ‥

条件①罪を犯す者は、地獄行きである。

条件②人生は短く、地獄は永遠である。

条件③少年期に犯す罪は、数のうちに入らない。

∴大人になる前に死んだほうが圧倒的に得である。


こうした原理主義的思考が当人特有のものだったとしても、彼の説く無神論の議論の価値が下がるわけではないだろう。

第一に、宗教熱心な人々が子供時代の彼のように思いつめて考えないということは、原理主義的主張すらも、実はレトリックとしてしか機能していないということを意味する。

第二に、子供時代の彼のメンタリティが常人離れしていたとしても、そんな子供を善導せずにむしろ追い立ててしまうような宗教には、欠陥があると言わざるを得ないだろう。

おそらく文系的な物の考え方をする信仰者は、もっとしなやかに、いい加減に、偽善も交えて宗教的人生を暮らしているのだろうが、そういうことであるならば、いったん神様の論理がどこまでホントでどこからがウソなのか、徹底的に批判してみることも必要ではないだろうか。

第４章では、神の存在を否定するロジックについて具体的に検討してみようと思うが、ナヴァビの議論も大いに参考になった。

第2章
盛り上がる無神論ツイッター

ツイッター上には無神論者のツイートがたくさんある。atheist（無神論者）、secularism（世俗主義）、Dawkins（ドーキンス）、ex-muslim（元イスラム教徒）などという語を含む投稿者を探し出して、ご確認あれ。いずれも世界各地の宗教絡みの事件のニュースを流したり、宗教に対する批判的意見を掲げたり、無神論者の集いを宣伝したりしている。

眺めていて面白いのは、何といっても、ツイッターの画像添付機能を利用した、キャプションつきの絵や写真だ。いわば無神論の主張を面白おかしく、あるいは皮肉たっぷりにまとめた小さなポスターである。使いまわしで幾度も流れているものもある。

基本的には皮肉なもの、揶揄的なものであり、攻撃的なものさえあるが、常にその趣旨が全宗教に向けられたものであることが明らかであるから、特定の宗教や伝統を非難するヘイトスピーチには当たらないと考えられているようだ。

国によっては今なお冒瀆罪が生きているのだが（宗教熱心なアジア社会のみならずヨーロッパ諸国にも残滓的に存続している）、そうした法そのものが知性へのヘイトであるというのが、無神論者の立場である。

無神論ポスターは、見てすぐ理解できるものもあるが、宗教（とくに一神教）のロジックや欧米の宗教事情を知らないとピンとこないものもある。本章では、よくあるタイプのものを紹介し、解説をつけることで、欧米の無神論者たちが何をどう発信しようとしてい

無神論ツイッター上のさまざまなポスター（主張を貼り込んだ画像）
出所：「Athesit Republic」のツイッター

るのか、日本の読者にも分かるようにする。話の通りをよくするために、キャプションなどは逐語訳ではなく、意訳にする。

　ともあれ、無神論ポスターの世界はなかなか知的だ。反知性増殖の時代に、知性や知的ユーモアで世の中を啓蒙しようというのが、無神論者たちの狙いなのである（もっとも、ヤジやワルクチ程度の低次元のものも多いのだが）。

1　神様って変？

小さな子供とお母さんが写っている写真。
吹き出しの会話は：
子供：お母さん、神様は考えを変えたりするの？
母親：いいえ、神様はとても賢いから、みんなのために何でも御計画済みよ。
子供：じゃあお祈りしても無駄ということにならない？
母親：（当惑して沈黙）

《無神論ポスター》
祈っても無駄？

出所：「Athesit Republic」のツイッター

神はしばしば全知全能とされている。とにかく人間が思いつくあらゆるすごいものよりも、もっとすごいと考えられているのが神である。つまり、たいへん欲張りな概念である。

それだけすごい神であるから、神は人間のあらゆる祈りに応えてくれるのでなければおかしい。

しかし、全知全能なのであれば、人間の祈りなんぞに耳を傾けるまでもなく、すべてに万全の手を打ってあるはずではないだろうか。だとすれば、祈りを行なう意味はない。

つまり、二つの完全性――①人間にとって必ず役立つ、②あらゆるものについて正しく手配済みである――とがカチあってしまうのだ。

この矛盾を解決する一番いい方法は、「神は人間の願望の投影にすぎない」とすることである。祈りは気持ちの問題と割り切る。心理現象にすぎないのならば、矛盾があったって、何もおかしいことはない。

そんなの分かりきったことだろう、とあなたは思うかもしれない。しかし――ここが大事なところなのだが――一般に一神教の信者は「神は人間心理の投影にすぎない」とは考えない。心理現象よりももっとリアルな――ということはおそらく物理的な――存在でなければならないのだ。

仏教や多神教の場合には、一般にこのあたりのところが融通無碍というか曖昧である。仏教は「悟り」に主眼を置き、仏は瞑想の中に現れる存在とされているので、その物理的な実在性については今ひとつはっきりしないままである。神道などの多神教の場合は、カミは自然のパワーの「象徴」のようなところがあって、全知全能というわけではない。

仏教や多神教なら矛盾がないとは言えない（矛盾だらけである）。ただ、これらの宗教では神仏の矛盾をそのまま人間心理の矛盾として、心理学の中に逃げ込むことができる。一神教ではこれがなかなか難しいのだ。何事においても対立点、争点が明確になるというのが一神教世界、とくに西欧の思考の特徴である。

《無神論ポスター》
条件つきの無条件!?

出所：「Athesit Republic」のツイッター

ある教会の看板の写真。
看板の文言は：
　神の愛は無条件のもの。あなたはキリストに従いさえすればいい。
この写真に印字された無神論者のコメント：
　まちがい

「無条件 unconditional」とは文字通り一切の条件をつけないことである。「キリストに従いさえすれば」は条件ということになるから、この文章自体が成り立たない。無効である。

これもまた、一神教の神に付与された過剰な観念がもたらした矛盾だ。
①神の愛は無限のものでなければならない。
②神は無限の服従を求める存在でもなければならない。
①と②は両立しない。
ちなみに、歴史的には神への服従の観念のほうが先に生まれ、のちの時代に、愛の概念が付加されたのである。ムチが先でアメが付加された。その結果、神の概念は著しく矛盾したものとなった。

《無神論ポスター》
神の犠牲？

出所：「Athesit Republic」のツイッター

一人の男性が茨の冠をかぶって血みどろになったイエス・キリストに、何かを言って聞かせている写真。
次のようなキャプションがついている…
イエスが〝不死〟とされる以上、
イエスの〝死〟は犠牲になっていないと、
イエスに言って聞かせているところ。

キリスト教の眼目は、愛の神イエス・キリストが人類のために犠牲を払ってくれたことに感謝するところにある。この感謝を「信仰」と言う。

神学によれば、キリストは人類の罪を一身に背負って、十字架上に死んだ。ちょうど流し雛が人々の災厄を背負って川に流されるようなものだ。流し雛の犠牲行為が神道の氏子にとって有難いように、キリストの犠牲行為はクリスチャンにとって有難い。

しかし、ここでも一神教の神学が矛盾を呼び込んでしまう。一神教の場合、神は不死の存在でなければならない。神であるイエスはそもそも不死なのである。しかも一神教の神は全知全能でなければならない。したがって、イエスは自分が不死であることを百も承知で、死んでみせたということになる。ということは、論理的に言って、イエスの十字架は犠牲には相当せず、犠牲のふりをした八百長だということになる。

――というのが、この画像のキャプションの言いたいことなのだ。

実はここで使われている画像は、キリスト映画『パッション』の撮影現場を写したものだ。キリストは俳優のジム・カヴィーゼルであり、説明している男性はメル・ギブソン監督である。もともと俳優が監督の指示を仰いでいるところを写したものなので、男性の話をなんとか理解しようとしているキリストが全知全能に見えないというのも、笑えるところだ。

ギブソンは保守的なカトリックとして知られている。彼の画像を無神論ポスターに用いたのは、はっきり言ってアテツケだろう。

《無神論ポスター》
天で待ち受ける神様の正体は？

出所：「Athesit Republic」のツイッター

イラスト。キリスト教とユダヤ教とイスラム教の聖職者がそろって雲の上の天界に到着。どうやら三人は死んで昇天したということのようだ。しかし、天国のゲートにいる神様は、キリストでもヤハウェでもアッラーでもなく、ゼウスであった。三人はともに「うへぇ」と言う。

無神論者がしばしば主張するのは、現在生きている宗教も、論理的には、古代の滅んでしまった宗教と同等のものでしかないということだ。

古代ギリシャ神話の主神、ゼウスの信仰は二千年前に滅んだ。キリスト教のキリスト、ユダヤ教のヤハウェ、イスラム教のアッラーは今も真剣に信じられている。しかし、論理的に同等である以上、現在の宗教指導者たちが死んで天国に行ったときに出会うことになる神はゼウスかもしれないのである。

これには別バージョンもある。天国のゲートで待っているのが北欧神話の主神オーディンになっているものや、「空飛ぶスパゲッティ・モンスター」になっているものもある。「空飛ぶスパゲッティ・モンスター」については76ページのコラムを御覧あれ。

《無神論ポスター》
無数の中の一つ……

出所：「Athesit Republic」のツイッター

さまざまな姿で祈る人々のイメージ写真。
キャプションは‥
知っていましたか？
今日ざっと四、二〇〇の宗教があります。
ある人は四、一九九がウソだと言っています。
ある人は四、二〇〇がウソだと言っています。

現在信仰されている宗教の数が四二〇〇個だといったいどうやって決めたのかは分から

ない。さまざまな新宗教や民間信仰、部族やムラの数だけある「奥地」の宗教、喧嘩分かればかりしている大宗教の小セクトを足し合わせると、そんな数字になるのか？

まあ、数そのものはどうでもいい。とにかく宗教の数は多いのであると。

そしてある者は、それらの宗教のうち四一九九個は嘘だと言う。つまり、自分の信じている宗教のみが真理だというわけだ。（とくに保守的な）信者の立場だろう。

そして別の者は、四二〇〇個全部が嘘だと言う。これは無神論者の立場だ。

つまり、信者と無神論者との違いはたった一個に対する判断の違いだけだというわけだ。無神論者はしばしば「誰でも自分の信仰以外の宗教に関しては無神論者だ」と言うが、これはこのことを意味している。

要するに信者に対する皮肉である。無神論者に言わせれば、どんな人でも、理性を働かせれば無神論になるはずなのだ。信者が自分が信仰をもっていない宗教に対して無神論的に考えるのは不思議ではない。しかし彼らは、自分の宗教に対しては同じ論理では考えない。なぜだろう？　信仰が欲しいという感情に負けて理性を失っているからである、と無神論者は考える。

信仰とは「感情に負けること」であるというのが、無神論者の診断なのだ。

《無神論ポスター》
聖母子だらけ？

出所：「Athesit Republic」のツイッター

神々のイラスト。聖母マリアと幼子イエスの絵の背景に、他の宗教の似たような画像を散りばめてある。女神イシスに抱かれた幼いホルス（エジプト神話）、母デーヴァキーに抱かれた幼子クリシュナ（ヒンドゥー神話）など。
キャプションは‥
　自分の宗教が剽窃に基づいていると、
あなたが気づいた気まずい瞬間

　聖母マリアが幼子イエスを抱く聖画はたくさんある。ラファエロのものなどが有名だ。映画『ダ・ヴィンチ・コード』の冒頭シーンでラングドン教授が説明しているように、母子を聖画とするのはキリスト教の専売特許ではない。映画にはイシスとホルスの映像が映っていた。観音菩薩の図像にも赤ん坊を抱きかかえる構図のものがあり、慈母観音と呼ばれている。これがキリシタン禁制時代にマリア像として拝まれていたことは、日本人ならよく知っているだろう。

　結局、宗教のモチーフというのは、どこでも似たようなものなのだ。それぞれの間には歴史的に影響関係があるかもしれない。このツイッターでは「剽窃」と呼んでいるが。

実はこういう問題に関しても、仏教や多神教は一神教に比べて神学的打撃が小さい。というのは、これらの伝統においては、神仏の像の間にたくさんの貸し借り関係があることが、すでによく知られているからである。

七福神の弁天様はヒンドゥー教の学芸と水の女神サラスヴァティーを借りてきたものであり、大黒様はヒンドゥー教のマハーカーラ神（シヴァ神）と古事記のオオクニヌシが習合したものである。布袋様は仏教の弥勒菩薩が化身したとされる中国の禅僧がカミサマ化したもの、毘沙門天はヒンドゥー教の武神ヴァイシュラヴァナ、寿老人と福禄寿は道教の長寿の神様（どうやら二人は同じ神らしい）である。そして恵比寿様だけが純粋な神道の神様なのであるが、そんなことを明かされたとしても、七福神の宝船を拝んで商売繁盛を願っている善男善女が「七福神は剽窃だ！」「騙された！」なんて思ったりしないだろう。

無数の神仏が歴史的に形成されていったものであったとしても、なお「有難い」と思うのが、神道や仏教のロジックなのだから。

《無神論ポスター》
無能による証明？

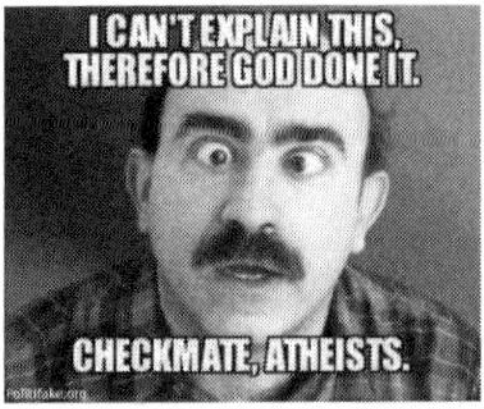

出所：「Athesit Republic」のツイッター

顔のアップの写真。お馬鹿な顔をした人物が、こちらに向かって訴えかけている。

セリフは：

俺には説明できない。
ゆえに神がやった。
まいったか、無神論者！

これだけでは、どこに笑いのポイントがあるのか、分からない人も多いだろう。これはむしろ、ドーキンスなど無神論者の議論をよく知っている人に向けたネタである。第1章で説明したように、ファンダメンタリストは、既存の科学の説明の「穴」と思しき箇所を引っ張り出しては、鬼の首をとったように、科学の欠陥を言い立てる。しかし彼ら自身は代わりの説明を出してこない。むしろ彼らは単純に説明をあきらめ、「知的設計者（＝神）」の計画以外には考えられないと言い出す。

言い換えれば、「私には説明できない」ことを「神の存在の証拠」としているのである。

ファンダメンタリストの信仰パンフレットは一般人の知らない科学の問題などをテーマにして解説しているので、信者たちはこれが科学的議論なのだと勘違いする。だからこのネタは、ファンダメンタリストの論理はこのくらいお馬鹿なものだと笑い飛ばしたものなのである。

だが、ファンダメンタリストほどナイーブではない、主流の信者の場合についてはどうなのだろう。無神論者が攻撃しているのは、もっぱらファンダメンタリズム的な宗教であるようにも見える。だから、「無神論者はファンダメンタリストレベルの幼稚な議論をしているのだ」と考える神学者もいる。「ドーキンスなどの無神論もまた一種のファンダメンタリズム（科学原理主義）なのだ」と言う人もいる。

無神論者がファンダメンタリストとリベラル信者との間に区別を設けないのは、「リベラルな信者といえども、いざとなれば議論をシャットアウトして信仰のドグマのほうに逃げ込むのではないか」と睨んでいるからである。「神は実在する」というドグマを常に優先させるのが信仰というものである以上、気を許すわけにはいかないのだと。

「Checkmate atheists!（まいったか／これで詰みだね）、無神論者！」という決め台詞を含む画像は、この他にもいろいろ出回っている。

2　信仰は不道徳？

《無神論ポスター》
聖書好きの聖書知らず

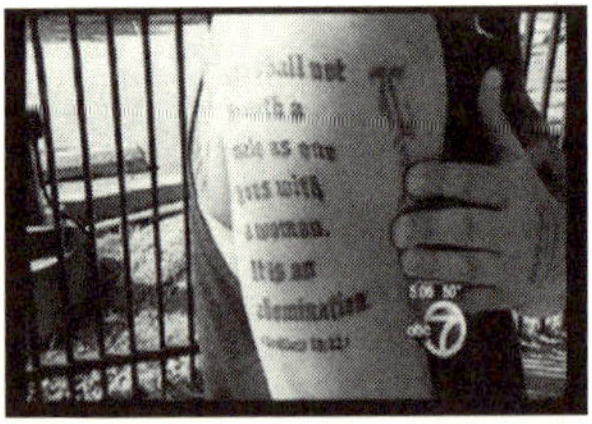

出所：「Athesit Republic」のツイッター

聖書の言葉を入れ墨した腕のアップ写真。
文言は旧約聖書の言葉：
　女と寝るように男と寝てはならない。（レビ記一八章二二節）
これに無神論者がつけたキャプションは：
　入れ墨をしてはならない。（レビ記一九章二八節）

聖書などの大宗教の教典は、古代のさまざまな奇妙な習慣や偏見をそのまま書き込んである。たちの悪いことに、宗教はそうした出自の怪しい文言を神の名によって権威づけてしまう。

そしてもっとたちの悪いことに、現代の宗教家はしばしば、たまたま自分の偏見にあっている文言（たとえば同性愛のタブー）については字義通りに読もうとし、自分の偏見にあっていない文言（たとえば貝類を食べてはいけない）については無視する。

ファンダメンタリストが「聖書を字義通りに読む」というのは厳密には嘘である。「自分の意見を絶対化するのに好都合なときだけ、聖書を字義通りに読む」のである。ファンダメンタリストにとって「自分」が「神」なのだ、と言う人もいる。

ここでは、ホモフォビア（同性愛嫌い）の人物が聖書の同性愛禁止の条項を入れ墨にして見せつけている。しかし、この人は同じく聖書にある入れ墨禁止のくだりについては知らなかったらしい。ありがちなことだ。

《無神論ポスター》
娘を奴隷として売る！

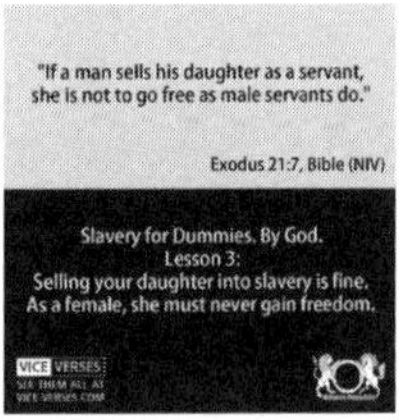

出所：「Athesit Republic」のツイッター

上段は、旧約聖書の言葉の引用：
人が自分の娘を女奴隷として売るならば、彼女は男奴隷が去るときと同じように去ることはできない。
（出エジプト記二一章七節）
下段は、無神論のコメント：
かみさま著『サルでも分かる奴隷制』第３課：
●娘を奴隷に売るのはかまわない。
●娘すなわち女性を解放してはいけない。

無神論ツイッターで多いのは、宗教の教典が女性に対して差別的であることを指摘するものである。女性が聖書をじかに読んでみてその中身に唖然としているといった写真もよく出回っている。

仏教、キリスト教、イスラム教など、ここ二千年ほどの間世界を支配してきた大宗教が、それらの発展と同時期に発展した家父長制や男性支配の構造と密接に結びついていることは疑いない。カトリックの聖職者が男性ばかりであることへの批判はよくある。仏教は比丘（男性出家者）と比丘尼（女性出家者）の両性二本立てを建前としてきたが、男性側が女性側をコントロールする前提で成り立っており、女性の戒律のほうが多い。しかも東南アジアでは女性出家者の伝統は途絶えてしまった。

宗教的指導者が男性ばかりというのは、確かに女性にとって不利である。実際には男のオヤジの視点で発想した精神的アドバイスが、いちいち神の名によって正当化されているのだから、鬱陶しいと言えばこの上なく鬱陶しいわけである。

《無神論ポスター》
信仰への敬意!?　その1

出所：「Athesit Republic」のツイッター

二コマ漫画。クリスチャンと無神論者とのいさかいの場面。

1コマ目：クリスチャンの男が無神論者を十字架で無茶苦茶に殴りつける。

クリスチャン「大馬鹿者！　変態！　罰当たり！　ゲス！　くず！」

2コマ目：無神論者が十字架を奪って折ろうとする。クリスチャンの男は制止する。

クリスチャン「おいおい、敬意を払うべきじゃないか」

無神論からの宗教への攻撃も激しいものがあるが、しかし現代ではそれは常に言論の形をとっている。しかし宗教からの無神論への攻撃の場合には、激しい場合には完全な暴力になる。「冒瀆」の名による逮捕や拘禁、さらに処刑もある。そうでなくても、たいがいは「地獄に堕ちろ」的な激しい憎悪の表明だ。無神論者にとって地獄の観念は無意味だが、相手がこの上なく憎悪をぶちまけていることは感じ取ることができる。

それでいて、礼節ある市民社会においては、一般に宗教に対して「敬意」を払うことが求められているのである。これはもちろん、あれこれの宗教どうしが喧嘩にならないようにするための歴史的な知恵だ。しかし、宗教への敬意というお約束には不合理な側面もある。宗教信者が神の名によって明らかな偏見や差別を正当化しても、「地獄に堕ちろ」式の憎悪を口にしても、「信教の自由」ゆえに放っておかれるのだ。

これはいかにも不公平ではないのか、と無神論者は考える。

宗教家が偉そうに構えているのは、宗教というもののもつ世界観に由来する。宗教の世界観によれば、信者は神を代弁しているのに対し、無神論者はただ人間を代表しているにすぎない。だから信者とその宗教は敬意を払われて当然であるし、それを批判する者を罵倒したり冒瀆罪で取り締まったりして当然なのである。

しかし、無神論者はそうした世界観そのものが妄想だと考えている。第一に神が妄想であるし、仮に神が存在したとしても、信者と称する者たちがその神を代弁するというのが妄想だ。無神論者は信者を憎んでいるのではなく、信者の妄想を妄想と指摘しているだけである。

信者にしてみれば、無神論者のそういう「上から目線」は許しがたいが、無神論者にしてみれば、神様の権威を借りている信者のほうこそ「超超超チョー上から目線」なのだ。

水掛け論のようなものだが、少なくとも次のことは言えそうだ。無神論者は信者を冷ややかに見るとしても、一般に、暴力には訴えない。信者のうちの少なからざる部分はすぐにも暴力に訴える。宗教は愛を説いても慈悲を説いても平和を説いても、伝家の宝刀は暴力ということになりがちなのである。妄想と呼ばれるゆえんである。

「神は妄想である」のかどうか？　が、やはり肝心カナメの問題なのだ。

《無神論ポスター》
信仰への敬意!?　その2

出所：「Athesit Republic」のツイッター

上の欄：キャプション
「どんな人の信仰も尊重しなければなりません」
中の欄：ＫＫＫの写真
下の欄：キャプション「絶対にお断りだ」

ＫＫＫ（クー・クラックス・クラン）は南北戦争時代に生まれたアメリカの白人至上主義結社である。三角頭の白装束で有名だ。北方系の白人のみが人祖アダムの子孫であるとし、有色人種に市民権を与えることを拒絶し、宗教的にはプロテスタントのみを支持し、カトリック、ユダヤ教徒、イスラム教徒は駄目、フェミニズムや同性愛など二〇世紀以降の人権的問題にも耳を貸さない。今から百年前には非常に多くのメンバーを抱えていたが、過激化したために支持を失い、今ではたいしたパワーはない。

ＫＫＫがいったい宗教に当たるのかどうかが問題になるが、無神論者から見れば、根拠なき信念を奉じているという点で準宗教ということになる。実際これがプロテスタントを支持していることは確かであり、保守的宗教家に近い心情をもっていることも確かだろう。

ＫＫＫ以外のものを材料にしている投稿ポスターもある。ＩＳ（イスラム国）のメンバーが人質の首を切ろうとしている写真や、ファンダメンタリストのヘイト看板、イスラム世界において石打ちにあっている女性の写真などなど。

まあ、日本人にとっては、ここにオウム真理教の地下鉄サリン事件の写真なんかが使われるとピンと来やすいだろう。誰も麻原彰晃の狂信に対して「敬意」を表する気にはなれないからだ。

《無神論ポスター》
奇跡ごっこの不道徳

出所：「Athesit Republic」のツイッター

二枚の写真。
上の写真：ステージ上のスター牧師。信者たちが熱狂している。
下の写真：病室のベッドに横たわる重病の少女。母親が心配そうに付き添う。
キャプション：
なぜこれらの牧師は「癒し」を病院でやってみせないのか？

アメリカにはファンダメンタリストの巨大教会がいくつもあり、ステージ上でスター牧師が病気治しを演じたり、寄付を募ったりしている。日本のキリスト教会には伝統的に知識人階級が多かったので、馬鹿げた病気治しはあまりやらない。それをやるのは日本ではもっぱら仏教神道系あるいは民間信仰系の「新宗教」教団である。おかげで日本のエリート主義的なクリスチャンは「日本人は神のことが分からないので、まことの信仰と呪術を混同している」などと言う。しかし、世界的には病気治しをするキリスト教会が大はやりなのだ。日本の教会は病気治しをやらないので、いつまでたっても信者数が伸びないという言い方もできるかもしれない。

ここで宗教学からのコメントを添えれば、一般に、宗教の基礎には呪術がある。呪術とは病気治し、雨乞い、予言、まじないの類である。庶民が求めているのは難しい教えではなく呪術である。

より高度な教えの場合にも、呪術的な思考から自由ではない。仏教は輪廻転生を前提とし、そこからの解脱を求める。輪廻転生は科学的に見ればトンデモ系の思想だ。キリストは死んで復活したという。この復活を比喩的に捉える信者もいるが、文字通りの意味で受け取っている信者のほうが多いかもしれない。だとしたらやはりトンデモ系である。

巨大教会のステージの上で病気治しをしてみせ、寄付金を集める伝道師たちは、なぜ病院を一軒一軒まわって、可哀そうな病人たちを救わないのだろうか？

もちろん彼らはこう答えるだろう。熱意あふれる敬虔な信者でなければ、神の奇跡は起きないのだ。巨大教会に参列する信者たちのような、熱い信仰がなければ駄目なのだ、と。

3　議論を起こせ！

水たまりの汚れた水をペットボトルに汲んでいるアフリカの少年の写真。
キャプション：
あんたのくだらないタワゴトのために神に感謝したくなったときはこの写真を思い出せ。

《無神論ポスター》
神に感謝したくなったときは……

出所：「Athesit Republic」のツイッター

無神論者は、詐欺師めいた牧師のパフォーマンスを拒絶するのみならず、一般信徒の感謝の祈りなどにも懐疑的である。これもまた、一神教の神が全知全能であることと密接な関係がある。

世の中には明らかに悲惨な出来事がある。当事者の責任ではないのに、ひどい目に遭うということは毎日毎時毎分毎秒のように起きている。全知全能の神としては、実に不手際だと言わざるを得ない。

この問題を解決するには、①神が全知全能ではないか、②神に悪意があるか、③神には人智の及ばない計画があるかのどれかだと考えなければならない。信者はもちろん①や②ではなく、③を選ぶだろう。しかし、③であれば信仰を擁護できるかというと、そうでもない。というのは、③の場合、人間の論理で神の意図を推測してはいけないということになる。だとしたら、敬虔な信者には相応の御褒美があり、無神論者などには地獄が待っているという推理も成り立たないのではないか？

神のロジックは突き詰めて考えるとどうしても空回りしてしまう。それは多神教などでも同じなのであるが、多神教では一神教ほど神の全能も全知も善意も強調しないので、矛盾についてあまり深刻に悩まなくて済む。「神仏への感謝」「天への感謝」は「嬉しさ」を神話的に表現したものだと思えばいい、と割り切っている信者も多いだろう。

《無神論ポスター》
古代中国の無神論ブロガー

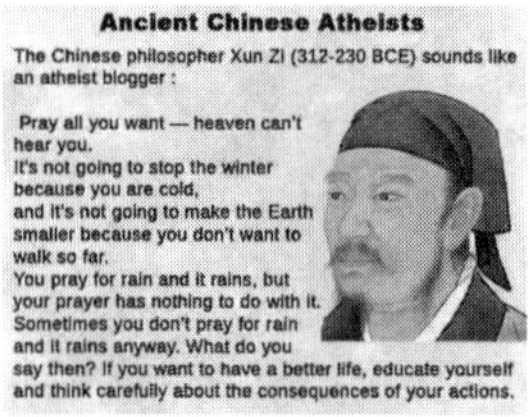
Ancient Chinese Atheists
The Chinese philosopher Xun Zi (312-230 BCE) sounds like an atheist blogger :
Pray all you want — heaven can't hear you.
It's not going to stop the winter because you are cold,
and it's not going to make the Earth smaller because you don't want to walk so far.
You pray for rain and it rains, but your prayer has nothing to do with it.
Sometimes you don't pray for rain and it rains anyway. What do you say then? If you want to have a better life, educate yourself and think carefully about the consequences of your actions.

出所：「Athesit Republic」のツイッター

紀元前の中国戦国時代の哲人、荀子の顔のイラスト。そして荀子の言葉：

何でも欲しいものを祈ってみなよ。天からの答えはないさ。

君が寒いからといって冬が来なくできるわけじゃないし、遠くまで行くのが嫌だからといって地球を小さくできるわけでもない。

雨になれと祈ったら雨が降った。でも君の祈りとは何の関係もない。

雨乞いしないときにだって、どのみち雨は降る。そのときに何て言うんだい？

生活をよくしたければ、勉強して

自分の行動が何をもたらすか慎重に考えることさ。

無神論者のコメント：

無神論のブロガーが書きそうなことを言ってるぞ。

ここに掲げられている英訳『荀子』の一節は、超訳されたものであった。だからそれを邦訳するにあたってもニューエイジふうの超訳にした。欧米の無神論の若者の世界観に合うように……。

キリスト教などの「神」と比べてみたとき、仏教の「法」も中国思想の「天」も、人格性のない、ニュートラルな性格をもっている。孔子は死後について問われて「未だ生を知らず。焉んぞ死を知らん」と答えている。生きてる間のことも分かんないのに、死のことなんて分かるものか！　東洋のエリート哲人のこうした言葉は、現代の知識人の好みそうなドライさを感じさせるものである。

しかし、だから中国文明はヨーロッパより開明的であったか、科学的であったかというと、そういうことはない。こちらはこちらで迷信や呪術の渦巻く世界であった。東洋の哲学や宗教は、神や死後の観念に関してはドライだが、人間関係の上下の秩序や、日々の儀礼に関しては思いっきりウェットである。そしてこの秩序や儀礼というやつがなかなかマジカルであり、精神的にも社会的にも負担だったのであり、今でも負担である。

こういうことは、東洋思想に無知な欧米の無神論者たちにはなかなか分からないかもしれない。

とはいえ、次のような投稿もあった。

《無神論ポスター》
アジアは恥の文化？

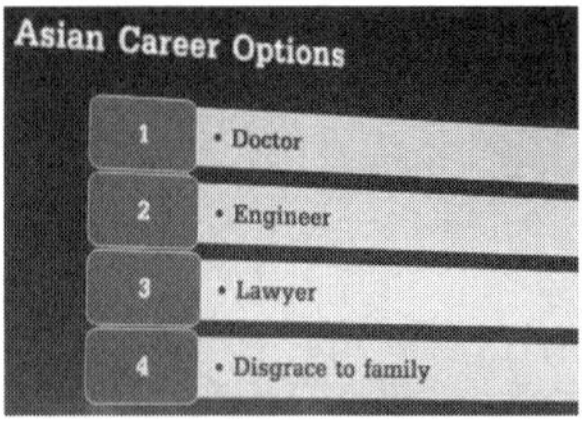

出所：「Athesit Republic」のツイッター

キャプション：アジア系の人生の選択肢：
1医師　2エンジニア　3弁護士　4一族の恥

そう、東アジアの儒教文明が「恥の文化」であることは欧米にもよく知られているのである。医者かエンジニアか弁護士か、さもなくば一族の恥さらしか。神無き文明もまた、厄介な世間体というカミサマに振り回されているのだ。

《無神論ポスター》
「宗教国家」は願い下げ！

出所：「Athesit Republic」のツイッター

アメリカ各地の災害の写真。テキサスやフロリダは洪水、カリフォルニアやモンタナは森林火災……。それぞれに「テキサスのために祈ろう」「カリフォルニアのために祈ろう」などと文字が貼り込んである。その下に大きなキャプション：

祈るのをやめ、科学を信じる政権に投票しなさい。

トランプ政権は地球温暖化を信じていないのだそうだ。保守層や宗教信者の中には地球温暖化を否定する者が多数ある。そうした層の投票によって、危険な政権が誕生したのである。

地球温暖化はいかにも世界終末めいているし、聖書の信者ならば「そら見ろ、終末とキリストの再臨の時は近い！」と言いそうなものだが、どうもそのようには発想しないらしい。おそらく、地球温暖化の科学的因果関係によってじわじわと地球に危機が訪れるというのは、神の意志がいきなり世を終わらせるという宗教的なシナリオと質的に折り合いをつけにくいからであろう。

今や、宗教信者の政治的発信力は世界の危機的要因の一つとなっている。科学的に見てトンデモ系の主張を行なう原理主義者たちがロビイストとなって超大国の政治を動かすというのは、人類にとっての悪夢だ。

無神論者は「政教分離」の確立を真剣になって訴える。超大国アメリカの場合、日本における創価学会、日本会議、偽の伝統を騙って教科書にまで登場させた「江戸しぐさ」の推進者などの場合よりも、はるかに影響力が、したがって深刻度も、大きい。

反知性の危機は、宗教らしい宗教をめぐるものばかりではない。無神論ツイッターではさまざまなトンデモ系の都市伝説、疑似科学、陰謀史観、フェイクニュースも取り上げられている。たとえば、ワクチンを危険視する疑似科学がある。「地球は平らだ」などという本気だかふざけているんだか分からないカルトもある。とにかく、世の中には色んな人がいるものだ。

《無神論ポスター》
おっぱい地震!?

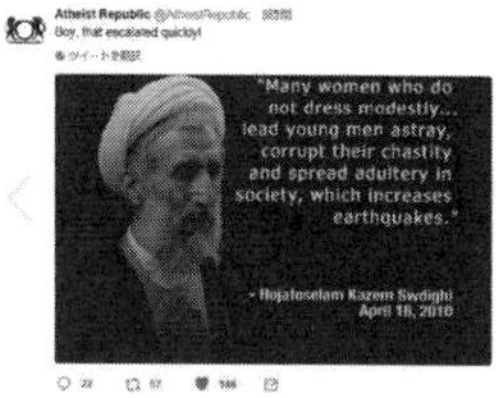

出所：「Athesit Republic」のツイッター

イランの宗教指導者の顔写真と、彼の発言を貼り込んだ画像：
「慎み深い服装をしない多くの女たちは……
若い男たちを堕落させ
貞潔を損なわせ、世の中に姦通を広め、
そのせいで地震が増える」
ホッジャトル・エスラーム・カーゼメ・セッディーギー
二〇一〇年四月一六日
投稿者のコメント：
おい、そこまで飛躍すっか？

このイマームの言葉は有名だ。ウィキペディアの「おっぱい地震 boobquake」という項目を御覧あれ。これがなぜ「おっぱい地震」と呼ばれるのかというと、この説教が世に知られた二〇一〇年当時、ふしだらな服装が本当に地震を増やすかどうか、全世界で実験しようじゃないかと、ふざけたキャンペーンが張られたからである。

イマームの発言の「地震が増える」のところは明らかに論旨が飛躍しているが、女性の服装が男の堕落の原因だというのは、いかにも男が言いそうな理屈である（悪いのは自分ではなく女なのだ)。

世の中の変化に危惧を感じている保守的な人間は、大なり小なりこの師と似たような飛躍を行なう傾向がある。たとえば「同性愛を認めれば少子化が進む」というロジックがある。同性愛が認知されても、異性愛者がどしどし同性愛に向かうわけではない。少子化とは何の因果関係もない。

宗教家や道学者というのは、人柄はよかったとしても、もともと論理的な人であるとは限らない。コーランや聖書の勉強ばかりして自然科学や社会科学を理解する能力を枯渇させてしまった人などは、どこのモスクにも、どこの修道院にも、どこのお寺にもいるだろう。そういう人物が神的権威をもって社会に指示を与えるという仕組みそのものが、現代では非道徳的なものになりつつあるのかもしれない。

なお、二〇〇七年に英国国教会の司教が洪水を同性愛行為の結果とする発言を行なったが、リベラルとされる宗派の中枢においてこの程度に非論理的であることに、ヒチンズは宗教の本質的な原理主義性を読み取っている(スティーヴン・フライ編 *Dawkins Dennet Harris Hitchens: The Four Horsemen*)

《無神論ポスター》
真実より慰め……

出所：「Athesit Republic」のツイッター

人生相談の二つのブースのイラスト：
一方は「不快な真実」ブース。
カウンセラーは無神論者。誰も寄り付かない。
他方「慰めになる嘘」ブース。
カウンセラーは宗教家。大行列ができている。

おそらくこちらのほうが先だと思われるが、二〇〇六年のゴア元副大統領主演の『不都合な真実』を上映する映画館に誰も集まらず、隣の『安心できる虚偽』の映画館に行列ができているというイラストも出回っている。

無神論者の抱く危機感は、現代という時代が内包する危機と連動している。地球が危機だというのに、フェイクニュース、陰謀論、偽りの伝統、「安心できる虚偽」を垂れ流す者たちが増えつつある。欧米では一神教の教理がこれにからんで話をややこしくしている。日本や東アジアで問題なのは、宗教よりもナショナリズム的情念である。中間のインドでは、宗教がそのままナショナリズムとなっている（ヒンドゥー世界の宗教的原理主義はヒンドゥー・ナショナリズムと呼ばれている）。

《無神論ポスター》
「無神論者」が神になるとき

出所：「Athesit Republic」のツイッター

毛沢東、ヒットラー、スターリン、トロツキー、レーニンが居並ぶイラスト。
キャプション：
神として振る舞う無神論者ほど危険なものはない。

欧米では「無神論者 atheist」は危険視されてきた。神を信じない罰当たりは、人殺しにも等しいと思われてきたからだが、共産主義者たちが「無神論」を標榜しつつ、スターリンのように大粛清をやったりしたので、「無神論者＝人でなし」という語感がますます強まった。ヒットラーはキリスト教と無縁ではなかったようだが、クリスチャンから見れば無神論者ということになる。

そこで現代の無神論者たちは、無神論はあくまでもロジックである、それを標榜する人間が人間として何をやるかは別の問題であると論じる必要を感じている。有神論者にも無神論者にも、善人もいるし悪人もいる。有神論者の政治家で虐殺を行なった者も、無神論者の政治家で粛清を行なった者もいる。むしろ、全体主義者たちの暴力は、それ自体として人殺しのススメを説かない無神論よりも、教典の中で盛んに人殺しを勧めている宗教のほうに似ていることに注目せよ、と言うのである。

さて、無神論ツイッターの世界はいかがだっただろうか。

無神論は欧米で盛んになったものであるから、基礎的なロジックを一神教の世界観に置いている。その種々の相を眺めてみて、我々には、日本の宗教状況とのからみで、次の二つのことが見えてきたのではないだろうか。

第一に、無神論の論点は一神教世界でこそ先鋭化しやすいと言えそうだ。一神教にはシロクロを常にはっきりさせる伝統があるからである。そういう意味では無神論もまた一神教的である。

このことは、無神論が多神教的な日本の神道や仏教や民間信仰に関係がないということを意味するものではない。こちらの世界は曖昧であるだけで、ロジックとしては同じ問題を抱えていることは間違いないだろう。また、ナショナリズムまで含めて考えれば、日本的メンタリティが決して自慢できる状況でないことは認めなければならないだろう。シロクロがはっきりしている欧米の啓蒙のロジックから我々が学べるものは大きいのである。

第二には、それにもかかわらず、激しい対立が不毛な論争を生みやすい一神教世界とは異なるロジックが多神教や修行の宗教の世界にあることは、西洋における「有神論VS無神論」の感情的な行き詰まりに対して、何らかのヒントを与えてくれるかもしれない。「神」の存在をそれほどまでに重大視する必要が本当にあるのだろうか？「祈り」の空虚性をそこまで危険視する必要があるのだろうか？ 神が自然への驚嘆のシンボルであっても、祈りが人間関係の潤滑油としてのセレモニーであってもいいのではないだろうか？

仏教では一切を「空《くう》」と説く。空とは物事がさまざまな関係の中で成り立っているという思想である。だからブッダは実在とも非実在ともつかない存在というあたりで、誰もそれ以上を追究しない。まあ、曖昧な思想かもしれない。しかし、こういう流動的な思想、あるいは存在カンカクは、泥沼の水掛け論を延々と招いてしまいそうな欧米の有神論VS無神論論争にも、実質的に影響を与えることができるのではないだろうか？

第3章
無神論と無宗教を理解するための宗教史

無神論の置かれた宗教史的文脈

無神論が台頭しているのがキリスト教圏である欧米諸国であること、無神論が最大の敵としているのが一神教の「神」とその教典や戒律であることについては、これまでの章でお分かりいただけたと思う。あちこちでコメントを挟んできたが、なにせやはり天地創造の神という壮大な概念は、その神を絶対に認めない断固たる闘士も生み出しやすいと言えるだろう。

日本の神道や民間信仰のような多神教的な世界では、神の絶対性が曖昧で、しかも神の数が多いぶんだけ権威も分散しており、無神論からの挑戦もぼやけたものになりがちである。また、「神」に相当する「仏」の実在性云々よりも修行者が心で悟ったり安心立命を得たりすることを重視する仏教の伝統から言っても、「無神論」は議論の焦点になりにくい。「無仏論」をめぐって議論するという伝統は仏教世界にはなかった。

神の信仰や宗教の教えには、こうしたローカルな差異がある。本章では、一神教と多神教ないし悟りの宗教の歴史と教えの違いを、もう少し詳しく解説したい。無神論が何か、無宗教が何かを理解するには、ローカルな伝統において神や宗教がどのようなものと思われてきたのかを理解しておく必要があるからだ。

大宗教の分布

信者人口の多い宗教は八個ほどである。中東生まれのユダヤ教、キリスト教、イスラム教、インド生まれのヒンドゥー教、仏教、東アジア生まれの儒教、道教、神道だ。

それぞれの開祖、教典、特徴を表にまとめておく。随時参照いただきたい。開祖が「――」となっているのは、はっきりとした開祖のない宗教である。民族の伝統として

世界の代表的八宗教

発祥の地	宗教	開祖	教典	特徴
中東	**ユダヤ教**	―	旧約聖書	一神教
	キリスト教	イエス・キリスト（前4頃～後30頃）	旧約聖書＋新約聖書	
	イスラム教	ムハンマド（後570頃～632）	コーラン	
インド	**ヒンドゥー教**	―	ヴェーダなど	輪廻と解脱（悟り）（多神教的）
	仏教	釈迦（前463頃～383頃）	仏典（お経）	
東アジア	**儒教**	孔子（前551～479）	論語・孟子など	神々や祖先の祭祀（多神教的）
	道教	―	老子・荘子など	
	神道	―	古事記など	

四大宗教の地理的分布

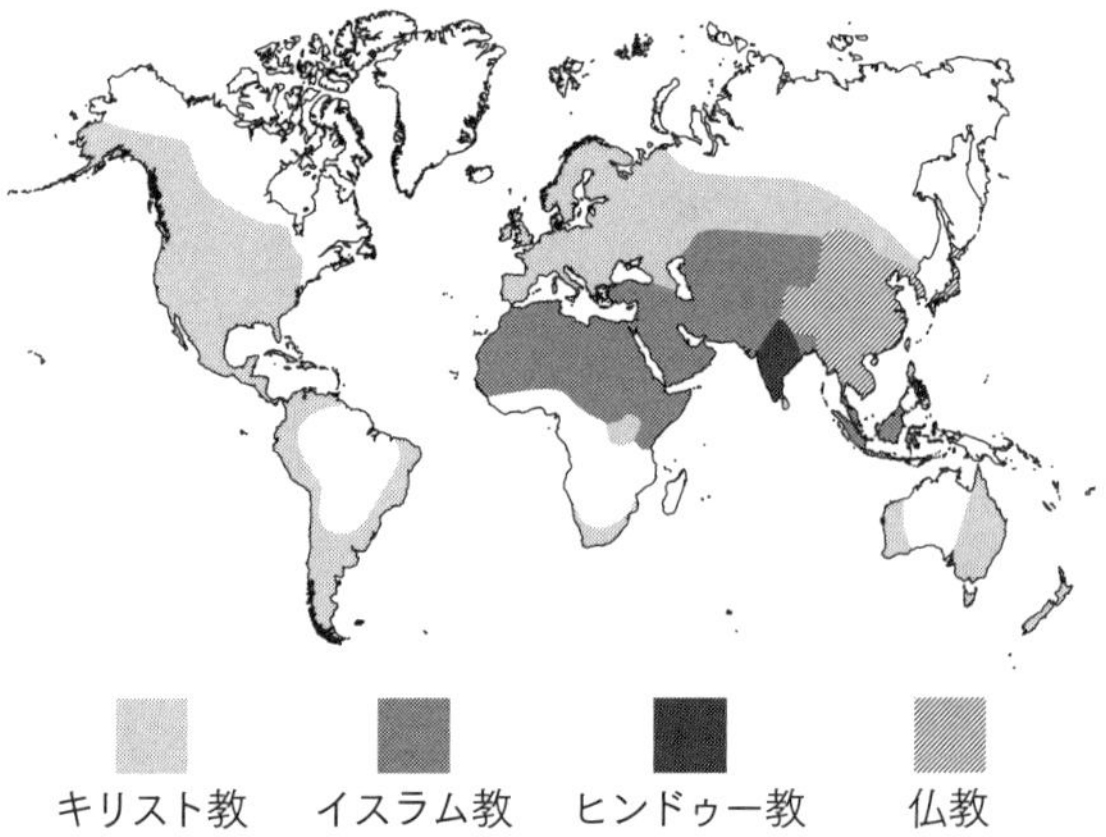

徐々に形成されたものだ。

信者人口の多い四つの宗教（キリスト教、イスラム教、ヒンドゥー教、仏教）の地理的分布は上の地図の通りである。中東生まれの一神教が世界の「西半分」に、インド生まれの二つの宗教がアジア大陸の東半分に集中している——面積は狭いが人口の多い所だ——ことが分かるだろう。地図上の「仏教」地帯のうち、中国や日本など漢字文化圏には儒教や道教も広がっている。日本列島には神道もある。東アジアの特徴は宗教がチャンポン状態であることだ。こうした節操の無さ（？）にも、キリスト教やイスラム教の世界との宗教カンカクの違いが現れている。

アニミズムと多神教

非常に古くから人類は霊のような存在を信じていたようだが、そうした「原始的」な宗教をアニミズムと呼ぶ。今日でも民間信仰などはどこの世界でもアニミズム的である。たとえばキリスト教がメジャー宗教である欧米社会においても、死んだ人の霊を霊媒が呼び出す降霊術のようなものが行なわれることがある。妖精のようなものの信仰もある。また、キリスト教の枠内でも、信者の間に聖霊が降って意味不明の言葉などを発したりするのはアニミズム的、シャマニズム（霊媒信仰）的と言えるだろう。

霊、霊魂、魂というのは生命力のようでも精神力のようでもあるような何物かだが、人格としての個性ははっきりしない。これがはっきりしてくると、「神 god」と呼びたい存在となり、いわゆる多神教となる。

神道はアマテラスオオミカミ（天照大神）やオオクニヌシノミコト（大国主命）のようなカミやミコトと呼ばれる人格的存在が無数に存在する典型的な多神教だが、樹木や山のようなものにも「カミ」を感じて御神体としているのだから、これをアニミズムと言ってもよさそうである。

多神教とアニミズムの境界線ははっきりしない。八百万の神のお湯屋が出てくるジブリアニメの『千と千尋の神隠し』の英語版ではカミガミをスピリット（霊）と訳していた。もちろんこれをゴッド（神）と訳してもいいのである。

中国の道教やインドのヒンドゥー教も神々が多数存在する多神教だ。仏教ではカミと呼ばずホトケ（ブッダ）と呼ぶが、構造的には仏教もまた多神教である。

ギリシャ神話の世界もまた多神教だ。主神ゼウス、海の神ポセイドン、知の女神アテナなど無数の神々がいる。古代エジプトでも太陽神ラーや、冥界神オシリスなどが奉じられていた。北欧やドイツなどでは、今日、古代北欧神話・ゲルマン神話の神々の「信仰」（多分に象徴的なもの）が復活しており、英国やフランスでも、古代の多神教的異教を自然崇拝のようなものとして復興させる動きが見られる。

欧米における無神論の台頭の隣り合わせの現象として、多神教的な異教の復興が見られることに注意が必要だ（ニューエイジ運動の一環である）。そうした動きは、日本の神道や仏教とは親和的だが、キリスト教などの一神教からは異端的な動きとして警戒されている。

1　多神教から一神教へ

古代においてはたいていどの民族も多神教的ないしアニミズム的な信仰をもっていた。そんな中にあって、古代のユダヤ人（古代ではむしろイスラエル人とかヘブライ人とかと呼ぶ）は独自路線を歩んで、自分たちの宗教を一神教にした。このイスラエル／ユダヤ／ヘブライの伝統から、後世にキリスト教とイスラム教という巨大な二つの一神教が派生するのである。

ユダヤ教の一神教化

イスラエル人は、紀元前二千年紀に中東は現在のパレスチナの周辺に出現した半遊牧民である。彼らはヤハウェという神の名のもとに団結して部族連合のようなものをつくっていた。彼らは最初から神ヤハウェを天地創造の唯一神と考えていたわけではない。神々はたくさんいるが、自分たちとしてはひたすらヤハウェを拝もう——こういうやり方である。

「自分たちはヤハウェと排他的な契約を結んだ」というのが彼らの神学であった。

これはこの民が倫理的に生真面目だったことを意味するものかもしれない。都合にあわせて神Aを拝んだり神Bを拝んだりするのは、次々と愛人を渡り歩く浮気男のようではないか！　あるいは次々と男を変えていくふしだら女のようではないか！　宗教的なミサオが堅いのがイスラエル人の気質なのだ。

視点を変えて言うならば、浮気する民に天罰を加えるヤハウェという神は、たいへん嫉妬深い神なのである。

宗教が「契約」という観念と結びつくのはそれほど不思議なことではない。たとえばあなたが神様に願をかけてお百度を踏むとしよう。これは「あなたがお百度を踏む」⇕「神様が願いを聞き入れる」という契約関係を前提としている。そもそも「お祈りをすれば奇跡が起きる」というのだって「いい子にしていればサンタさんがプレゼントをくれる」というのだって、一種の契約なのだ。

もしあなたが契約を破れば、神様はあなたの願いに応えてくれない。イスラエル人は厳しい国際環境における民族の存亡をかけてヤハウェと契約を結んでいたので、民が契約を破れば――つまり民の信仰心がアヤフヤであれば――、訪れる結果は民族の滅亡であった。つまり外国の軍勢に征服されることになるのである。

実際、弱小民族であるイスラエル人は、せっかく築き上げた自分たちの王国をアッシリアやバビロニアといった外国勢力に滅ぼされてしまった（紀元前一一世紀に王国誕生、前八世紀に北半分が滅亡、前六世紀に南半分もまた滅亡）。

ヤハウェが自分たちを護ってくれなかったのだから、亡国とともにヤハウェ信仰を棄てた者も多かっただろう。しかし、国家が滅んでも民族集団としては残ったので、ヤハウェ信仰が潰えることはなかった。代わりにイスラエルの宗教家たちはヤハウェ信仰をバージョンアップした。その神学によると、ヤハウェは倫理的にだらしないイスラエル民族を罰するために諸外国の軍勢を動かしたのである。

ということはつまり、ヤハウェは諸外国を動かせるようなグローバルな神だということになる。

結局、イスラエルの民は、国を失うことでむしろ自分たちの神を格上げして、全人類の神と考えるようになったのである。この新バージョンの神話によれば、ヤハウェは天地と全生物と全人類を創造した。

国を失ってからのイスラエル人はふつうユダヤ人と呼ばれる。そしてユダヤ人の宗教はユダヤ教と呼ばれる。

以上が、天地創造神を奉じる一神教、ユダヤ教の誕生のいきさつである。

キリスト教の派生

ユダヤ教の伝統の中からキリスト教とイスラム教という二つの大宗教が生まれた。今日、ユダヤ教徒（すなわちユダヤ人）は全世界で一五〇〇万人程度だが、キリスト教徒（すなわちクリスチャン）は二〇億人以上、イスラム教徒（すなわちムスリム）は一五億人以上もいる。キリスト教とイスラム教は、ユダヤ民族が奉じていた一神教の「国際バージョン」と呼ぶことができる。

まず、西暦紀元一世紀にキリスト教が派生した。開祖のイエス（出身地を冠してナザレのイエスと呼ばれる）はユダヤ教徒であった。ユダヤ教の宗教家として活動したのだが、ユダヤ教の聖職者たちに睨まれて逮捕され、当時パレスチナ地方を支配していたローマ帝国の総督によって十字架刑に処された。このイエスを弟子たちはキリスト（救世主）と考えた。

ユダヤ教の伝統で救世主とは、世の終末に出現する民族解放のヒーローのことであるが、イエスの信奉者たちは、キリストを人類を罪から解放してくれる存在と解釈し直した。救済の対象をユダヤ人から人類へと広げ、救済の内容を政治的な解放から精神的な解放へと変更したのである。というわけで、ユダヤ教の枠から飛び出したイエス信仰は、キリスト教という新しい宗教となったのである。

キリスト教はユダヤ教の一派であったのだから、天地創造の神を拝む一神教であり続けている。しかし信者たちは、イエス・キリストも神として拝むことにした。さらにイエスが地上を去ってから信者たちを導いてきたとされる聖霊をも神としている。だから神が、天地創造神、キリスト、聖霊と、三つの姿で拝まれることになる。だったら一種の多神教だということになりそうなものだが、ユダヤ伝来の一神教の建前を崩したくない。そこで「神は一つだが三つであり、三つだが一つだ」という不可思議な三位一体説をドグマにすることにした。五世紀のことである。

ユダヤ教もキリスト教も絶対の神に服するというモチーフで成り立っているが、宗教生活上の強調点に違いがある。ユダヤ教徒が強調するのは先祖伝来の具体的な戒律（律法）を守ることであり、キリスト教徒が強調するのはキリストの神秘的な救済を信じることである。一方は戒律の宗教、他方は信仰の宗教だ。キリスト教徒は「愛」や「原罪」といった観念を説いて積極的に伝道する傾向があるが、ユダヤ教徒は先祖伝来の掟やタブーや年中行事を守ることに集中する。

イスラム教の派生

四世紀にキリスト教は、地中海沿岸一帯を支配するローマ帝国の国教になった。しかし七世紀にアラビア半島でイスラム教が興り、キリスト教圏の半分を呑み込んでしまう。エジプトもシリアもトルコも今日ではイスラム教徒が多数派であるが、かつてはキリスト教信仰の盛んな土地であった。

このイスラム教もまた一神教である。これは先行のユダヤ教とキリスト教の影響を受けて生まれた宗教だ。メッカの交易商人ムハンマドは、ユダヤ教のこともキリスト教のことも知っていたが、あるとき、両宗教と同じ「天地創造の神」の啓示を受けて、アラビア人たちに一神教を説き始めた。神はアラビア語でアッラーと呼ばれる。アッラーの御託宣を集めた書がコーラン(クルアーン)である。

後発のイスラム教は、ユダヤ教とキリスト教の教理を意識している。ムハンマドの理解によれば、三つの宗教は同じ唯一神の教えであり、いずれもまことに尊い。ただし、一番最後に啓示されたコーランが最も重要だとされる。イスラム教徒はユダヤ教徒とキリスト教徒に改宗を迫らないが、二つの宗教を完全に対等と認めたわけではない。

キリスト教は開祖イエスを神へと格上げしたが、イスラム教はムハンマドを神格化しなかった。神はあくまで天の存在であり、地上のムハンマドは神の言葉を人々に伝える役割を負った一介の人間にすぎない。とはいえ、ムハンマドも特別な尊崇を受けている。ムハンマドの悪口を言われるのは、イスラム教徒にとって極めて腹立たしいことである。

イスラム教はある点ではユダヤ教に似ており、ある点ではキリスト教に似ている。ユダヤ教は戒律を重んじる宗教であるが、イスラム教もそうである。イスラム教徒が豚肉を禁忌として食べないのはユダヤ教の習慣を受け継いだものだ。しかしイスラム教徒の信仰箇条は、ユダヤ教徒の背負い込んでいる戒律や儀式よりもずっとコンパクトであり、この点で、キリスト教徒と同様にフットワークが軽くなっている。中世の昔には、世界で最も活発に活動していたのはイスラム教徒であった。現在インド半島や東南アジアにもたくさんのイスラム教徒がいるのは、イスラム商人がインド洋を縦横に駆けめぐっていた時代の名残である。

コラム

一神教のキイ概念

【唯一神】三つの一神教に共通する神は、天地を創造し、信者を救済するために数々の奇跡を起こし、信者の集団生活の規範として戒律を下すという三大行事をこなしている(第4章ではこれを神の三つの相《創造の神》《奇跡の神》《規律の神》と呼んで、無神論の議論の整理に役立てようと思う)。

神の名は、ユダヤ教ではヘブライ語でヤハウェ(訛ってエホバ)と呼ばれる。ユダヤ人は畏れ多いので「主(アドナイ)」と呼び変えるのがふつう。「神」という意味のエロヒームという言い方もする。キリスト教では各国語で「神」に相当する言葉で呼ぶのがふつう。英語でGod、フランス語でDieuなど。イスラム教では「ザ・神」に相当するアラビア語アッラー(フ)と呼ぶが、Godや神などとも訳される。

ユダヤ教

【旧約聖書】《律法》《預言者》《諸書》の三部からなるユダヤ教典。中核は《律法》であり、敬虔なユダヤ人はここに含まれる六百あまりの戒律を遵守する。《律法》には「創世記」「出エジプト記」「レビ記」「民数記」「申命記」の五書が含まれ、「モーセ五書」とも呼ばれる。《預言者》には「イザヤ書」「エレミヤ書」「エゼキエル書」など預言者たちの書が、《諸書》には「詩編」「箴言」などが含まれる。

【アブラハム】「創世記」に登場するイスラエル民族の父祖。ヤハウェは「アブラハム、イサク、ヤコブの神」のように呼ばれる。

【出エジプト】「出エジプト記」の神話によれば、アブラハムよりもさらに代が下った頃、イスラエル民族はエジプトで奴隷労働をしていた。神ヤハウェに呼びかけられた英雄モーセは、民を引き連れてエジプト脱出を行なった。民は「乳と蜜の流れる地」カナン（現在のパレスチナ）に入って定住した。

【十戒】モーセが神から授かったとされる戒律の中の「憲法」のような十箇条。ヤハウェ以外の神を崇めてはいけないこと、偶像崇拝の禁止、安息日、殺人や窃盗の禁止などを定めている。

【ラビ】ユダヤ教の精神的指導者たち。キリスト教の牧師に相当する。ラビの用いる虎の巻がタルムードと呼ばれる浩瀚な書であり、ここには古代のラビたちが律法をどう解釈したかが書かれている。キリスト教の教会に相当する礼拝施設をシナゴーグと呼ぶ。

【ディアスポラ】紀元前六世紀よりユダヤ人は基本的に国家なき民となっており、中東やヨーロッパ各地に分散して暮らし続けている。この離散の状態をディアスポラと呼ぶ。近代になってヨーロッパに国民国家が形成されるにあたって異分子であるユダヤ人への迫害が激しくなった。父祖の地パレスチナに国家を創る運動（シオニズム）が興り、戦後イスラエル国が建国された。イスラエル建国は、この地に住んでいたアラブ人たちを追い出す形になり、以後、イスラエルとアラブ諸国との対立が続いている。

キリスト教

【イエス・キリスト】キリスト教の開祖であるユダヤ人（紀元前四年頃～紀元後三〇年頃）。「神の国」の到来を告げ、貧者、病者、「罪人」と蔑まれる者たちとともに暮らし、愛を説き、金持ちや宗教家たちを批判して、怨まれて逮捕され、冒瀆とローマへの反逆の罪で処刑されたとされる。史実のイエスの姿は必ずしも明らかではない。なお、個人名はイエス（ナザレのイエス）であり、キリストは救世主としての称号である（ヘブライ語ではメシアという）。

【三位一体】五世紀に定まった、神に関するキリスト教の教理。ユダヤ教伝来の天地創造神（「父」）と、救世主として訪れた神の子イエス・キリスト（「子」）と、信徒に直接霊感をもたらす聖霊の三つの形で唯一の神が体験されるという。

【新約聖書】イエスの信仰的な伝記である四種の福音書（「マタイによる福音書」「マルコによる福音書」「ルカによる福音書」「ヨハネによる福音書」）、使徒パウロの神学的な複数の手紙、世界の終末を説いたとされる「ヨハネの黙示録」などからなるキリスト教の教典。キリスト教徒はユダヤ教典を「旧約」と呼び、「新約」とセットにしてキリスト教典──「聖書」──としている。

【大宗派】キリスト教の大宗派は、ロシアなど東欧に広がる東方正教会、南欧や中南米に広がるローマカトリック教会、英国・北ドイツ・北欧・オーストラリア・米国に広がるプロテスタントの三つである。また、中東には古代から独自の教会があった（エチオピア教会、エジプトのコプト教会など）。正教とカトリックは一一世紀に分離し、一六世紀にカトリックからプロテスタントの諸教会が分離した。ルター派、英国国教会、メソジスト、バプテストなどはプロテスタントに属する。

【神父と牧師】正教会とカトリックの聖職者は司祭（神父）、プロテスタントの聖職者は牧師と呼ばれる。また、正教会とカトリックでは、人生をもっぱら神に捧げることを誓った者を修道士・修道女と呼ぶ。カトリックには、ベネディクト会など修道院でひっそりと暮らすタイプの修道会と、フランシスコ会、ドミニコ会、イエズス会など俗世で暮らして伝道するタイプの修道会がある。

イスラム教

【ムハンマド】イスラム教の開祖（五七〇年頃〜六三二年）。交易都市メッカの交易商人であったムハンマドは中年になって唯一神の啓示を受けるようになった。平等などを唱える彼の教えはメッカの有力者たちから危険視され、ムハンマドの一党はメディナに移住し、そこでイスラム共同体を興した。メッカと紛争が続いたが、アラブ諸部族の信頼を得たイスラム教徒はメッカに無血入城を果たした。

【イスラームとムスリム】一般概念としては、唯一神への帰依をイスラーム、帰依者をムスリムと呼ぶ。固有名詞的には「イスラーム」はイスラム教を指し、「ムスリム」はイスラム教徒を指している。

【コーランとハディース】ムハンマドが啓示を受けた神の言葉を集めた書物をコーラン（クルアーン）と呼ぶ。また、ムハンマド個人の言行に関する無数にある伝承をハディースと呼ぶ。

【六信】イスラム教徒が信じるべき六つの信仰箇条。①唯一神アッラーの存在、②天使の存在、③唯一神の使徒（ユダヤ教・キリスト教の「預言者」たちとムハンマド）、④使徒たちに啓示された啓典（聖書やコーラン）、⑤終末に審判があり来世が来ること、⑥神がすべてを見そなわすという定命《ていめい》の信仰。

【五行】イスラム教徒が行なうべき五つの行為。①信仰告白（アッラーが唯一神で、ムハンマドがその預言者であること）、②日に五回の礼拝、③貧者などのための喜捨、④ラマダーン月の断食、⑤メッカへの大巡礼（ゆとりのある者だけでよい）である。

【イスラム法】コーランやムハンマドの言行録とされるハディースなどから導き出した理想的なイスラム教徒の規範。儀礼のやり方から、食事の規定（たとえば豚肉を食べない）、結婚や相続や社会契約などの規定、刑法的なものなど人生万般に及ぶ。シャリーアと呼ばれる。複数の法学派がある。信徒の質問に答える形で学者が示す法的な見解をファトワーと呼ぶ。なお、現代におけるイスラム法の国法化を求める政治運動をイスラム主義と呼ぶ。

【二大宗派】多数派はスンナ派である。イラン周辺にはシーア派が多い。ムハンマドの死後、血縁の者が指導者として認められていたが、第四代に後継者争いが起き、これをきっかけとして二大宗派が誕生した。指導者に対する考え方などが違うが、日々の暮らしにおいては、両派の違いはそんなに大きくない。

2　仏教——神頼みから悟りの修行へ

中東や西洋では、多神教から進化し、多神教を否定した一神教が地域全体を覆っているが、インドから東では別の形の宗教進化が進行した。多神教の神々の信仰はそのままにして、むしろ信者たちが心の修行をすることに教えの力点を移してきたのである。この流れにおいて大きな役割を果たしたのがインドから国境を越えて広がった仏教であった。

修行宗教としての釈迦仏教

古代インド人は火神、水神、太陽神、武神など種々の神々に招福除災を願った。神々への祭祀を専門とする婆羅門《ばらもん》と呼ばれる祭司階級が絶大な権威をもっていた。

紀元前五世紀前後には、都市国家どうしの戦争が続くようになり、武人がものを言う実力社会が訪れた。インド人がリアリズムに目覚めるにつれ、婆羅門の教えに従わない求道者たちが続々と現れ、唯物論や運命論などのさまざまな自由思想を説くようになった。そうした自由思想家の一人が、武人階級出身の釈迦であった。

釈迦は、宗教的問題の本質が苦悩する個人の心にあると見た。彼の処方箋は、シンプルライフと瞑想によって煩悩に満ちた心をコントロールすることであった。それが身につけば神頼みなどする必要はない。

たとえば、恨みという苦があるとして、恨みを晴らそうなどと考えているといつまでも恨みが晴れない。むしろ心を恨みゼロの状態にリセットすべきである。ゼロを心のデフォルトとして平常心を保つのが、いつでも救いの秘訣なのである。仏教で「無」「空」という言葉を多用するのは、このゼロ・リセット主義による。

では、病気の苦は？　病気そのものが瞑想によって治るわけではないとしても、病気を平常心で迎えることのできる心が得られれば、それが最終的解決である。老いの苦しみも死の恐怖も同じことである。

もっともこれは、エリートにしか達成できない解決法ではある。仏教は神頼みせずに修行を行なうエリート向け自己啓発として出発したのであった。こうした悟りを得た人間のことをインドの言葉でブッダ（目覚めた者）と呼ぶ。漢字で書くと仏陀（ぶっだ）、略して仏、大和言葉でホトケとなる。このブッダが釈迦の称号となった。

釈迦が生きていたのは紀元前五世紀頃である。同じ頃、中東ではイスラエルの預言者たちが多神教を棄てて一神教を構築しつつあった。神々のパワーが信用されなくなったという点では、似た状況だと言える。ただし、仏教は個人の心のコントロールに専念する宗教として出発しており、共同体が抱える社会生活上の問題に直接にはタッチしない。ユダヤ教の場合はまさに民族、社会、政治に焦点を置いており、もともとは個人の精神コントロールのことに疎い宗教であった。

仏教の神話

さて、神頼みをしない宗教という建前ではあるが、実際のところ当初から仏教は神話に彩られていた。

そもそも仏伝（釈迦の伝記）は完全に神話的に描かれている。釈迦は悟りをひらくことで、誰が見ても分かるような輝く超人になった。釈迦は神通力すなわち超能力を発揮するようになった。悟ることと超能力をもつことは無関係と考えるのは、現代人の合理的思考である。インド人は両者を判然と区別しなかった。釈迦の伝記には神々も悪魔も登場する。釈迦は悟りをひらく前に悪魔の誘惑を受けた。悟りをひらいたあとで、民衆への布教を逡巡していると、梵天という神が現れて、ぜひとも布教してくれと懇請した。

悟りをひらくことで、釈迦は自分と他人の前世を見通すことができるようになった。彼自身は死や死後についての悩みを卒業したが、輪廻転生を否定したわけではない。仏弟子たちは

輪廻：ふつうの人間は死ぬと転生する
解脱：悟ったブッダは（輪廻の外の）涅槃という神秘的な空間に入る

と、二種の運命を対照させるようになった。

輪廻の行き先として、ふつうの人生もあるが、悪人には地獄が待っている（地獄の懲役を済ましたのち再び転生するのである）。

多神教の復権——大乗仏教とヒンドゥー教

古代インドで多神教の神々の威信が衰えたと言ったが、もちろん民衆は神々の崇拝をやめなかった。神頼みを振り払ったのはエリートだけである。一般民衆は、婆羅門の奉じる神々を拝むか、仏教出家者の神秘的な先輩である釈迦の遺骨をおさめた仏塔などを拝み、

そのパワーに与《あずか》ろうとした。

一世紀前後、つまり西洋においてキリスト教が人類の救済を唱えるようになった頃、インドにおいても民衆の救済を標榜する宗教が勃興した。それが大乗仏教である。これは釈迦仏教の「応用編」のような派生宗教だ。

大乗仏教は一種の多神教である。釈迦は悟ったあとで地上から姿を消してしまったが、今も広い宇宙には無数のブッダがいるに違いない、と大乗の神話は説く。本来ブッダとは「目覚めた人」「悟った人」という意味であったはずだが、この時代にはブッダはすっかり神様めいた存在になっていた。釈迦もまた宇宙的なブッダとしてどこかに永遠に存在していることになった。諸々のブッダたちは、超能力によって人々の苦境を知り、救いの手を差し伸べる。人々の尊崇を集めたブッダは釈迦ばかりではない。阿弥陀、薬師、毘盧遮那などに人気が集まった（ちなみに鎌倉の大仏は阿弥陀、奈良の大仏は毘盧遮那、薬師寺の本尊は薬師である）。

さらに、ブッダより階級が劣る菩薩（菩提薩埵、ボーディサットヴァ）という超人的な聖者も説かれる。頭脳優秀な文殊、地獄に行っても人々を救うという地蔵、さまざまな姿に変身して人々を救うという観音、天上で次にブッダになるべく待機中の弥勒等々、これまた無数にいる。

これら諸仏・諸菩薩を拝むことを推奨するのが大乗仏教だ。こうした神々を拝むことで、民衆の迷える心がすっきりして安心立命に導かれるのであれば、それもまた開祖釈迦の意図に適うではないか、というのが大乗の理屈である。大乗（マハーヤーナ）とは「大きな乗り物」を意味する。エリートのみならず民衆も救うことのできる大きな乗り物という意味である。

自力で修行するもよし、諸仏・諸菩薩の他力を頼むもよし。たとえば日本の禅宗ではひたすら孤独に坐禅することを勧め、浄土信仰ではひたすら阿弥陀の救済を願って念仏「南無阿弥陀仏（私は阿弥陀ブッダに帰依します）」を唱えることを勧める。

仏教はもともとインドの都市域で流行したと言われる。西洋でローマ帝国が盛んなりし頃、インドの諸都市はローマとの交易で潤った。都市の自由民たちは、田舎の神々のお祭りよりも、比較的論理的な悟りの教えをもつ仏教のほうを支持していた。

しかし、ローマ帝国の衰退とともに東西交易も衰え、インドは再び農村中心の国家になっていった。それと同時に、ローカルな神々と婆羅門の権威が復活し、そこから新生ヒンドゥー教が誕生した。数世紀後、インドの仏教は衰退し、ヒンドゥー教が勝利した。ヒンドゥー教は理論的には仏教の影響を受けている。単に神頼みするだけでなく、瞑想行（ヨーガ）や信仰を通じて一種の悟りの境地に向かうことを目指す宗教となったのである。

空の思想と衰退の運命

仏教は東アジアと東南アジアの各地に広がり、その土地土地の宗教と合体したり、土着の宗教とチャンポンで信仰されたりするようになった。チャンポンの様子を表にすると、

中国……………外来の仏教　＋　ローカルな儒教と道教
日本……………外来の仏教　＋　ローカルな神道
チベット………外来の仏教　＋　ローカルなボン教
タイ……………外来の仏教　＋　ローカルな精霊信仰

このように、仏教は各地に拡大するに際して、他の宗教を排斥しなかった。「神」の宗教であるキリスト教やイスラム教は、一神教であり続けるために多神教を抑圧しなければならなかったが、「悟り」を根幹のモチーフとする仏教には、ホスト国のローカルな神々や霊を排斥しなければならない理由はなかった。そもそも大乗仏教は、諸仏・諸菩薩の信仰という形で自ら多神教化していた。一般に、多神教どうしは排斥し合わずに融合してしまう傾向をもっている。

仏教のドグマは、世界をいつも二重に見ている。

一つは真理の次元であり、この真理が見えるようになった者（悟った者）にとっては、世界の一切は実体なきもの——「空《くう》」——である。般若心経の有名な文句「色即是空」はこの教えを表している。

もう一つは、未だ悟っていない一般の人々にとっての次元であり、その世界にはさまざまなものが混然と存在している。死後の世界として輪廻があり、悟りを導く存在として諸仏・諸菩薩があり、さらに異教の神々や霊が存在していてもおかしくはないのだ。

だから仏教的には、他の宗教と理論上「共存可能」ということになる。ただしこれを文字通りの意味で寛容と受け取ることができるのかどうかは微妙なところだ。仏教徒が「キリスト教もまことに結構です」と言ったとしても、真理の次元においてはキリストもまた空だと思っているのだから、厳密な意味ではキリスト教を受け入れたことにはならない。相互の立場はスレ違っているのである。

ともあれ、一神教に比べれば仏教は融通無碍だ。その副次的効果として、仏教はどちらかと言えば歴史的に衰退傾向にある。かつて仏教の影響を受けた地域はインド全域、日本列島を含む東アジア、東南アジア全域、さらに新疆ウイグル自治区の周辺（いわゆる西域）などと、かなり広い。しかし現在インドでは仏教は消失し、ヒンドゥー教の地域になっているし、法華経の故郷であるパキスタンも、仏像の故郷であるガンダーラ地方も、バーミヤンの大仏のある地域も、華厳経が編纂されたとされる中国西域も、現在はすべてイスラム教の地域である。東南アジアでも現在はタイやベトナムなどインドシナ地域に限られている。密教系の立体マンダラであるボロブドゥールのあるジャワも現在はイスラム教の地域だ。そして中国では儒教や道教の陰に隠れ、現代中国人の多くは共産党の指導のもと無宗教になっている。

日本でも、仏教は歴史が進むにつれて擦り切れてきた。日本仏教の総合大学である比叡山の天台宗は、人間は修行などしなくても本来的に悟りを得ているという、実に寛容な教えを世に広めた（本覚思想）。日本にはさまざまな仏教宗派があるが、おしなべて葬式仏教化している。

その代わり、仏教の「悟り」のモチーフは、茶道、華道、俳句、柔術、剣術などさまざまな芸能の分野に潜伏することになった。仏教は衰退しつつ、ローカルな精神文化に大きな影響を遺してきたのである。儒教も道教も神道も、教えや修行の一部に仏教の影響の痕跡を残している。

一神教と仏教――2タイプの「進化」

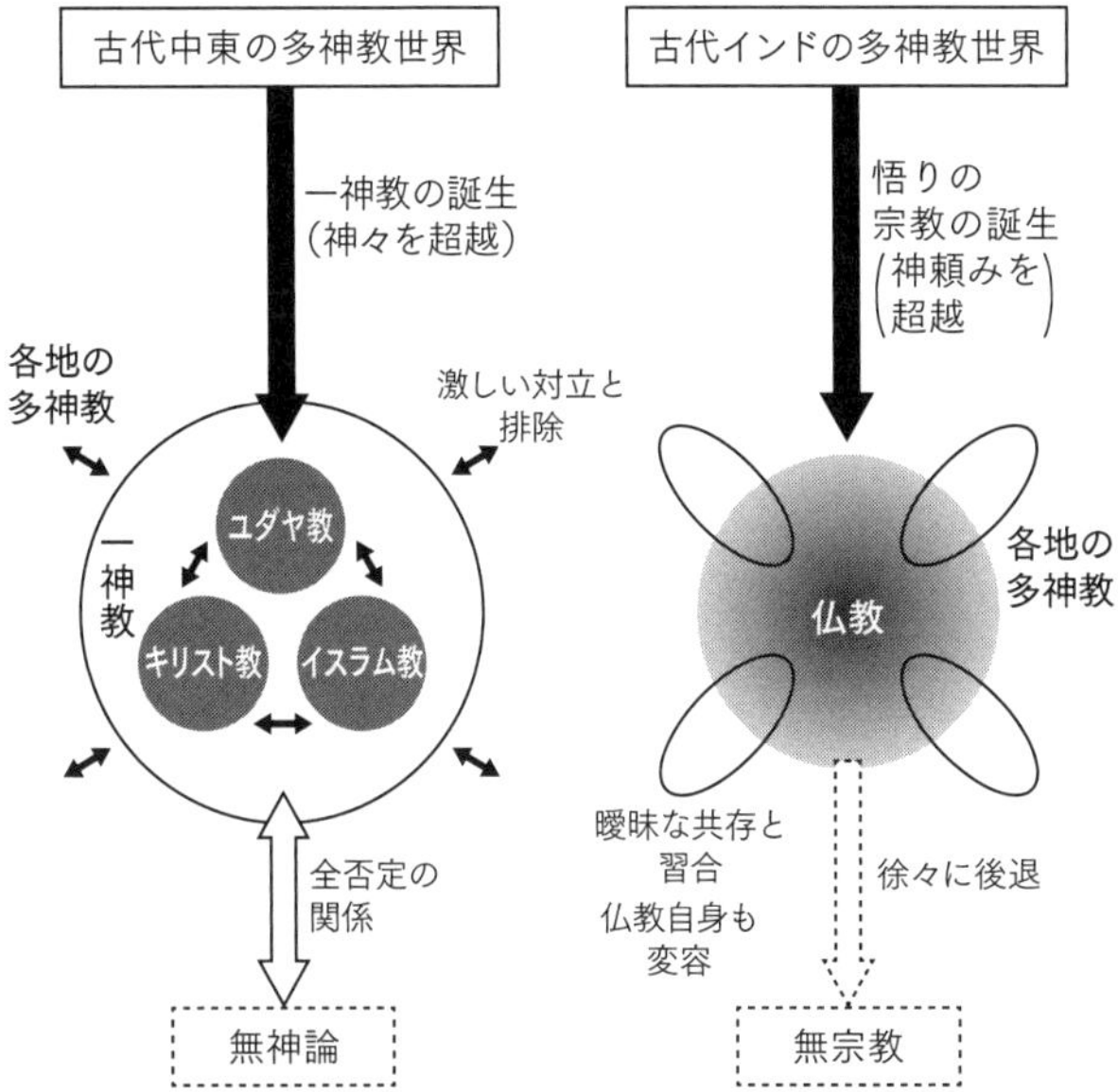

一神教と仏教の「進化」のようすを単純化して描いた。一神教も仏教も、多神教に対する「新機軸」として出発した。一神教は多神教を排撃し、一神教どうしも対立関係にある。仏教は自ら多神教化し、アジア各地の多神教と習合していった。一神教は「無神論」を派生させ、そこからの攻撃を受けている。仏教は強い否定のないままに後退し続けている。

コラム

仏教のキイ概念

【釈迦】仏教の開祖は釈迦（釈迦牟尼《しゃかむに》）だが、これは彼が属していた部族名に由来するものだ。本名はガウタマ・シッダールタである（前四六三年頃～三八三年頃）。彼は悟りをひらいてブッダ（目覚めた者、覚者、仏陀（ぶっだ）、仏、ほとけ）と呼ばれるようになった。

【大宗派】テーラワーダ仏教（上座部仏教）は、初期仏教の修行スタイルを基本的に保持している。スリランカや東南アジア（ミャンマー、カンボジア、タイなど）に広がる。大乗仏教は、西暦一世紀前後より始まる派生的な仏教である。大乗（マハーヤーナ）は「大きな乗り物」を意味し、民衆の救いのために、諸仏を信仰する道を設けている。大乗仏教は中国、韓国、日本、ベトナム、チベット、モンゴルなどに広まり、土地の宗教と習合した。

【仏典】テーラワーダ仏教では、パーリ語で書かれた初期の仏典を用いる。よく知られたものにダンマパダ（法句経）がある。漢字文化圏の大乗仏教徒は、漢訳された大乗仏典を用いる。大乗仏典は瞑想の中に現れるブッダの説くビジョンを描いたものであり、般若心経、法華経、涅槃経、阿弥陀経、無量寿経、華厳経、大日経などを含む。中国、日本、韓国の仏教が教典としているのは漢訳の大乗仏典である。

【輪廻転生】インド人の通念として、仏教でも、生まれ変わり（転生《てんしょう》）の連続を信じていた。善い境遇に生まれるのも、悪い境遇に生まれるのも、神の審判によるのではなく、すべて自業自得であるとされる。今日の日本仏教では、この輪廻を文字通りに信じる者も、比喩と見なす者もいる。

【出家と在家】とくに修行を望む者は、頭を剃って集団生活に入る。そこまで成りきれない者は、在家者として出家者を経済的に援助する。つまり出家者は在家者に托鉢をする。

【四諦《したい》】修行上の真理。人生の苦を認め、苦の因果を見極め、苦を乗り越えた境地（涅槃）を目指して、八種類の生活コントロール（八正道《はっしょうどう》）に従う。八正道には、シンプルライフに努めることや、一定の方法で自己観察を行ない、坐禅のような瞑想を行なうべきことなどが含まれる。快楽主義に陥ることもなく苦行に陥ることもなく、平静に省察する中道が重要だとされる。

【空《くう》】物事には実体がないということ。般若心経の有名な句「色即是空」は「物質的現象には実体がない」と訳される。もちろん物質的現象に限らず、精神的現象にも実体がないとされるのである。だから物事にこだわらないようになるべく悟りの修行を行なうのだ。

【縁起】初期の仏教では、苦しみの原因があって、苦しみがあるというような、物事の因果の流れを意味する。大乗仏教では、物事が相互に依存し合う関係にあることを意味する。

【諸仏】釈迦をモデルにして生み出された諸々のブッダ（諸仏）のビジョンが語られた。今日の日本で人気の続いているのは、釈迦牟尼如来、阿弥陀如来、大日如来である（「如来」もまたブッダの称号）。

【諸菩薩】開祖の釈迦は王族の生まれであったが、老病死に苦しむ民衆を思って心を痛めた釈迦の王子時代をモデルにして生み出された理想的求道者を菩薩（菩提薩埵、ボーディサットヴァ）と呼ぶ。大乗運動の推進者は広義の菩薩である。しかし菩薩もまたブッダと同様に神格化され、文殊菩薩、弥勒菩薩、観音菩薩、地蔵菩薩など、多種の菩薩の救済パワーが信じられた。

【日本の宗派】大雑把に四系統に分かれる。密教（真言宗）はマジカルな儀礼を行なう。禅（臨済宗、曹洞宗）は坐禅に徹する。浄土信仰（浄土宗、浄土真宗、時宗）は阿弥陀仏の救済を願う。法華信仰（日蓮宗）は法華経の救いを信じる。天台宗は法華経に立脚しつつ密教も行ない、禅や浄土信仰の要素も包含している。

【本地垂迹】 仏教を輸入した天皇家は、自らの家柄の良さを土着の神話で主張した（天の神の直系である太陽神アマテラスのそのまた直系が天皇家なのであるという）。神々の神話を書き留めた書が「古事記」や「日本書紀」である。神々は仏教の仏たちの化身として権威づけられた。これを本地垂迹説と言う。のちに、神道の神々こそオリジナルであり、仏教のほうがコピーだという逆向きの説も現れた。

【神仏習合】 江戸時代まで仏教と神道は共存し続け、人々は年中行事として両宗教の行事をこなしていた。この状態を神仏習合（神道と仏教のブレンド）と呼ぶ。明治になって、天皇家を神道によって再び権威づけたい明治政府は、仏教と神道を分離し、神社参拝を国民の義務とした（「国家神道」）。

第4章
無神論のロジック

1　ヤハウェの三つの性格

前章では、多神教から一神教が生まれ、それが世界的宗教として発展していった歴史の流れと、多神教から転じて修行の宗教となった変わり種の宗教、仏教の歴史の流れを眺めてみた。目的は、あっちの世界とこっちの世界の宗教のカンカクの違いを歴史的に跡付けることにあった。宗教のカンカクが違うのだから、当然、無宗教／無神論のカンカクも違うということになる。

本書がテーマとしている欧米発の無神論は、一神教を背景として生まれたものである。ここで改めて、一神教の出発点である太古のヤハウェ神話のポイントを整理することにしよう。

古代イスラエル人が信じていたヤハウェという神は、まず、奇跡を起こす神であり、民に規律と戒律を与えた神であった。このあたりまでは多神教とそう大きな違いはない。しかしヤハウェは途中から天地創造の神となり、ここから一神教がスタートした。

したがって、一神教を背景にもつ無神論者もまた、ヤハウェの三つの性格――《奇跡の神》、《規律の神》、《創造の神》——に沿って、神を否定することになる。彼らの議論にはさまざまなものがあるが、まとめてしまえば「神が起こすという奇跡は人間の勘違いである」「神の戒律を記したとされる聖書やコーランの内容は首尾一貫しない」「天地創造の神の姿は論理的にナンセンスである」の三点に要約できる。

無神論の議論に本格的に取り組む前に、ヤハウェの三つの性格と諸宗教および無神論との関係を確かめておこう。

《奇跡の神》

古代イスラエルの神、ヤハウェは、何よりも奇跡を起こす神であり、民族の救いの神であった。旧約聖書の「出エジプト記」によれば、ヤハウェはエジプトで奴隷労働をしていたイスラエルの民の「ヘルプ！」の声に応じて、民の救出を決意した。神はエジプト人にイナゴの害や全国民の初子の死という奇跡的な災いを与えた。イスラエルの民がエジプトから逃れて海までやってきたとき、ヤハウェは風を吹かせて海を割り、民を無事横断させた。

奇跡信仰は、多神教でも花盛りである。神道の神々は蒙古軍を神風で全滅させた。世界中のあらゆる民族が、日照りのときに雨乞いをやって天の神々に頼んで雨を降らせている。仏教の密教もまた、雨乞いを得意とする。密教はまた、加持祈禱を通じて病気治しも行なう。病気治しといえば、ユダヤ教を受け継ぐキリスト教の開祖イエスは、何といっても病気治しの神として有名になったのであった。

奇跡信仰に関しては、一神教、多神教、悟りの宗教の間にそう大きな違いは見受けられない。あらゆる宗教に共通して言えることとして、古い時代ほど部族やムラなどの共同体を救う奇跡が強調され、近代になるほど個人的な救いの奇跡が強調されるようになった。旧約のヤハウェはイスラエル民族を奇跡で救い、新約のイエスは病気の個人を奇跡で癒した。かつての占星術は国家や国王の運命を占ったが、現代の星占いはふつうの市民の恋愛運や金銭運を占っている。これはつまり、社会が集団主義から個人主義へと変化していったことの反映である。

《規律の神》

ヤハウェの二つ目の性格は、共同体に戒律を啓示し、民に規律を与える神であることである。神はイスラエルの民をエジプトから救出したのち、リーダーのモーセを通じて十戒を与えた。さらに無数の戒律を与えた。旧約聖書中の「律法」と呼ばれる五つの書（「創世記」「出エジプト記」「レビ記」「民数記」「申命記」）は、ヤハウェをめぐる神話とヤハウェが民に与えた戒律の詳細を書き記したものである。ユダヤ教徒はこの「律法」の巻物を何よりも大切にしている。

もちろん、歴史的に見る限り、それらの戒律は人間が自前でつくったものである。古代イスラエルの慣習を指導者が整理し、神ヤハウェの名によって改めて布告したのである。

ユダヤ教とそこから派生したキリスト教とイスラム教においては、神の掟を書き記した教典――旧約聖書、新約聖書、コーラン――の絶対性ないし無謬性が強調される。字義通りの無謬性を今日も信じている頑固な人々がファンダメンタリスト、いわゆる原理主義者である。

戒律の神は審きの神でもある。罪を犯した者を放っておかないという神だ。審きは日常的に行なわれているが、正式の審判は個人の死後と世界の終末後に下される。現代人は個人の死後のことは心配するが、世界の終末についてはあまり考えなくなった。しかし、ユダヤ教でも、それを受け継いだキリスト教やイスラム教でも、最も大事な審判は世の終末における「最後の審判」である。

神与の掟の信仰は多神教にもある。神道の大祓の祝詞には、古代日本社会における

「罪」の概念が列挙されている。田んぼでの狼藉を取り締まる条項が多いのが特徴だ。ヒンドゥー教ではマヌ法典が天与の身分秩序（カースト制度）に沿った掟を記している。多神教の神々は村落や民族を超えた神ではないので、神与の掟の有効範囲も一神教のものに比べて限定されている。ヒンドゥー教ではヴェーダ教典が重んじられているが、コーランなどに比べて多神教の教典信仰はあまり顕著なものではない。

仏教の場合はどうか？　戒律が仏典（お経）の中に書かれているが、修行者の心の悟りを促すためのものなので、村人が社会生活を送る上での法律のような性格は乏しい。そういう意味で、やはり一神教よりも戒律の機能は限定的だ。仏典に対する信仰も、聖書やコーランほどではない。お経は儀礼的な読誦に使うものであって、そこから社会生活の規範を読み取るものではない。

死後の審判は？　人は地獄・餓鬼・畜生・阿修羅・人・天の六つの生を輪廻していくとされるが、ブッダが死後の審判を行なうわけではない。仏教では生前の行為に応じて自動的に来世の運命が決まる（これを自業自得という）。日本では六道輪廻を字義通りに信じている人はあまりいない。しかも死後には極楽に往生するという宗派もあって、仏教の死後の世界はかなり曖昧である。ここにさらに神道や民間信仰の来世観も重なるので、日本人の死後の世界は伝統的に混乱している。一神教徒ほど思いつめて考えてこなかったようだ。

《創造の神》

ヤハウェの性格の三つ目は、天地の創造者である。実はこれが一神教の神の最重要の性格付けなのだが、第3章で詳しく見てきたように、歴史的にはあとになってから成立したものだ。

神の「天地創造」は、伝統的には文字通り物理的な意味で理解されてきた。世界は無から神の意志によって創造された。多神教にも天地の始まりの神話はあるが、一個の強い意志が宇宙全体を一挙に創ったというドラマティックな発想は一神教ならではのものだ。ブッダは宇宙の創造者ではない。ブッダとは無関係に、宇宙は常にただ存在している。

神を、バチカンのシスティナ礼拝堂の天井にミケランジェロが描いてみせたような白い髭を生やした爺様だと思うと、天地創造説はお伽噺としか思えないが、しかしこのお伽噺がどんな哲学や科学の教説よりも強力なイメージ喚起力をもっていることは確かだろう。

神が「光あれ！」の言葉を発する。するとカオスが秩序となり、闇と光が分かれ、万物が非存在から存在へと転じる！

これは無か有か、ゼロか一かという二元的対立を明確に描いたものだ。こうしたデジタル思考がこの神話の強みであり、荒唐無稽でありながら人々の心を捉え続けてきた最大の理由なのではないだろうか。

さて、《創造の神》の概念は、より哲学的な「万物の究極的原因」あるいは「秩序の究極的説明」という意味も担っている。一神教の神学では、神は世界のあらゆる動きをもたらした第一原因とされている。神はまた、自然界のさまざまな秩序や法則の設計者（デザイナー）としても引っ張り出される。

なお、すでに見てきた《奇跡の神》と《規律の神》もまた、ある種の原因であり設計者である。しかしこちらのキャラクターにおいては、神はいささか気まぐれな姿を見せる。奇跡を起こすのは、自然界の秩序や法則を破ることに他ならない。イエスが処女から生まれたのも、病気を癒したのも、自然法則破りである。神が民に戒律を与えるというのも、やはり気まぐれなものである。ヤハウェが決めた食べてはいけない動物のリストには、何らの合理性もない（豚やウナギや貝やエビやタコは穢れており、食べてはいけない。レビ記）。

ついでに言えば、ヤハウェの一番の気まぐれは、人類全体の神でありながら、アブラハムの子孫（つまりイスラエル＝ユダヤ人）のみに特別な目をかけていることだろう。こうした選民性のパラドックスは、多神教の神話にもある。古事記の神々は天地の創成にかかわっているが、結局彼らが最も目をかけているのは日本列島の住人、とくに天皇家なのである。

以下では、便宜的に順序を変えて《創造の神》、《奇跡の神》、《規律の神》の順に、有神論と無神論の議論を眺めていくことにする。

2　《創造の神》

少年スメルジャコフの冷笑

歴史学的に見る限り、神ヤハウェが天地の創造者であるというのは、古代イスラエル人が思いついた神話である。彼らは古代中東のさまざまな創世神話から材料を借りてきて、それを一神教バージョンに練り上げ、「創世記」に書き記した。多神教の物語から一神教の物語への変換は話の筋を明快なものにし、おかげで無と有、神と人間といった二元的コントラストがクリアになった。

しかし、奇妙な点も残された。創造の順番が奇妙なのである。四日目に太陽と月が造られているのだ。

「どうしたい?」眼鏡の奥からこわい目で見つめて、グリゴーリイはたずねた。

「いいえ、べつに。ただ、神さまが世界を創ったのは最初の日で、太陽や月や星は四日目なんでしょ？　だったら、最初の日にはどこから光がさしたんですかね？」
グリゴーリイは茫然とした。少年は小ばかにしたように先生を眺めていた。その眼差しには何か不遜な色さえあった。グリゴーリイは我慢できずに、「ここからだ！」と叫ぶなり、生徒の頬をはげしく殴りつけた。

ドストエフスキーの『カラマーゾフの兄弟』の一節である（原卓也訳、新潮文庫、上巻、三〇五ページ）。少年というのはスメルジャコフ。ここで聖書の勉強の「先生」と呼ばれているグリゴーリイは彼の養父だ。気の毒に、スメルジャコフはこの折檻以来、癲癇の発作に悩まされるようになる。

聖書の記述は明らかに奇妙だが、そもそもこれは「神様のおかげで世界がある」ということを六段階で神様が世界を造形していく儀礼的シナリオとして描いたものだと気づいてみれば、物語の矛盾などどうということはない。大事なのは、七日目に神様がお休みになったというオチである。神は六日働いて七日目に休息した。人間も六日働けば七日目を安息日としなければならない。神様の仕事が創造であるということと、有難い労働者保護の規定とをワンセットで物語っている寓話なのである。一日、二日、……というのは創造の段階的区切りの表現であるにすぎない。話の途中で日月が登場するのは、東洋の王朝の玉座の背後の障子絵に日月が描かれるのと同様の、メデタイ表現だ。

とはいえ、最初にこの神話を書いた詩人——あるいは神官集団——にはネタと作話の動機が明らかだったとしても、この神話が聖典としての権威を獲得して以降は、善男善女はみな、(「なんか変だな」と思いつつも)六日間の天地創造説を物理的な意味で「事実である」と信じてきたのである——およそ二千五百年にわたって!

グリゴーリイ爺さんはスメルジャコフ少年の思いもよらぬ質問に虚をつかれたのかもしれないが、言われてみりゃ妙な話だとは直観したのだろう。だからこそ少年をブッ飛ばした。反論できないときには暴力で封じ込めるのが一番だ。大昔より受け入れられてきたことをせせら笑うのは社会に対する謀反の始まりだ。

さて、伝統的にこの神話が物理的宇宙創成論として受け止められてきた以上、また、今日のファンダメンタリストがこの物語を文字通りに受け取っている以上、今日の無神論者もまた、生意気なスメルジャコフ少年のように、聖書の記述の矛盾を指摘しないわけにいかない。第1章で紹介したモンキー裁判(一九二五年のスコープス裁判)では、進化論擁護派の弁護人クラレンス・ダローは進化論反対派の論客ウィリアム・ジェニングス・ブライアンに対して、スメルジャコフ式の論争を挑んだのであった。

だが、そうした例があるとはいえ、今日、この手の議論が盛り上がることはあまりない。

そもそも歴史学者、聖書学者、宗教学者、人類学者は聖書の天地創造の記述をとっくの昔に「神話」と位置づけているし、今日のリベラルで知的な信者もまた、これを一種の「比喩」と受け取っているからだ。一九世紀のドストエフスキーだって少年スメルジャコフの場面をコメディとして描いているのである。

宇宙論的証明とその反論

「創世記」のお伽噺的な記述にこだわってもしょうがない。昔から哲学的知識人は天地創造神話の内容を抽象化し、「神は宇宙を創造した」とだけ抽象的に捉えてきた。創造のプロセスが六日間かどうか、四日目に太陽と月を造ったかどうか、神が七日目に休息したかどうかはどうでもいいのである。

神は宇宙を創造した――この命題はかなり抽象的だが、抽象性にも何段階かある。

第一に、抽象的な中でも比較的具体的な、いわゆる「経験的な（つまり科学的検証の対象となる）」次元の議論がある。宇宙を具体的に仔細に眺めてみると、あちこちに神の創造の刻印が見出されるというのである。通常これは「設計（デザイン）からの神の存在証明」として知られている。宇宙に潜在する神の意図や目的にかかわるものなので、「目的論的証明」とも言う。

昔から似たり寄ったりの議論はあったが、その最新バージョンが、第1章で見てきたファンダメンタリストの知的設計者（ＩＤ）説だ。これについては後述する。

第二に、より抽象的な主張として、「あらゆるものには原因が必要だ。だから宇宙にも原因が必要だ。その原因を神と呼ぶ」という「宇宙論的な証明」がある。一三世紀の神学者トマス・アクィナスは、物事を動かす不動の存在、物事の原因中の原因、物事を無ではなく有とした張本人こそが神だ、とした。

哲学者はこれを否定してきた。あらゆるものに原因が必要だというなら、神にも原因が必要だということになってしまう。神の原因にもまた原因が必要だろう。その原因にもまた原因が……。原因探しは無限に続く。原因に関して神は自前で生み出せると言うのであれば、その自前の働きを宇宙そのものに適用できるはずである。神の概念は不要である。

神の存在の当否がどう決着するにせよ、こうした議論から捻り出される神がいささか抽象的すぎることが、信者にとっては気がかりなはずだ。そんな神は聖書やコーランの神とは無関係であるし、信者の祈りの対象にもなり得ない。

「あらゆるものには原因が必要だ」という議論からして、俗耳に入りやすいだけであって、それが真理と決まったわけではない。そういう方面では量子力学からの反論とか、あれこれの専門的議論がある。

あらゆるものに原因があると言いつつ神の原因については不問に付すということには、人間の思考の癖も働いているようだ。そもそも原因というものは無限に考えられるので、どうにも扱いにくい。それを扱うのが科学であるが、科学の説はまだるっこしいばかりか、いつも宇宙の一部分にしか光を当てない。しかるに、人間の観念というのは便利なもので、「究極の原因」（＝神）という言葉を発しただけで、あらゆる原因の全体を一挙にカバーすることができる。少なくとも言葉の世界では究極までたどり着いてしまったことになるから、議論が終結したような気がするのである。

これは一種の言霊《ことだま》思想と言うべきかもしれない。「雨よ降れ！」と念ずれば雨が降るといった類のマジカルな思想である。言葉が存在に介入するのだ。

存在論的証明とその反論

第三に、さらに抽象性をグレードアップした主張として、（神の）「存在論的な証明」というのがある。ここまで来ると、「創世記」に描写された天地創造神ヤハウェの神話とはまるで接点がなくなる。

一神教徒は、神を多から一へと「純化」し、絶対化した。神は道徳的にも絶対であり、能力的にも絶対だということになった。純善にして全知全能なる、とんでもない偉大性を付与されたのである。

ここで仮に、神のこうした超絶的な偉大性を「すんばらしい」という形容詞で表すとしよう。考えられる限りの最大の偉大性・完全性を表す形容詞である。

神は「すんばらしい存在」である。存在論的証明はこの「すんばらしさ」という言葉の内容から、あたかも言霊信仰のようにして、神の実在性を引き出す。

すなわち――「すんばらしい」と定義される存在が文字通り「すんばらしい」ためには、それが人間の頭の中にだけ生息する存在であるよりは、人間の頭の外においても現実に生きているような存在であったほうがいい、いや、そうであるのでなければならない（前者より後者のほうがいっそう「すんばらしい」ことは明らかだ）。だからこそ、「すんばらしい存在」と定義される神は、定義上、頭の中（観念）のみならず頭の外（現実世界）においても実在していなきゃおかしいのである……。

「神は考えられる限りの最も偉大な存在者である」という神の定義から神の実在性を論理的に引き出す。なんだか馬鹿にされたような感じがするのは、観念から存在を、瓢箪から駒のように引き出す知的アクロバットだからである。これは哲学か？　手品か？

　この言霊思想を唱えたのは一一世紀の神学者アンセルムスであるが、一七世紀の哲学者デカルトも、神が神である必然的性質には「存在」そのものも含まれると言って、同様の議論を展開した。他方、カントやバートランド・ラッセルは、これを批判した。神が神である以上存在していなければならないと人間が考えるのは勝手だが、存在は事物を定義づける諸性質の一つなのではない。事物をどう定義づけようと、その事物の観念が外界の事実と対応しているかどうかを——すなわち実際に「存在」しているかどうかを——別途確かめなければならないのが、定義というものなのだ。

　存在していなければならないと人間が考えたモノは存在していなければならないと頑張る人は今でもいるらしい。しかしむしろ大事なのは次のことである。そんなふうにして「存在しているのだ」と結論づけられる神は、どう見ても、ひどく抽象的な存在者でしかない。それは伝統的に語られてきた神ではない。宇宙論的証明の神の場合と同様、それは聖書の神でもコーランの神でもなく、奇跡や愛の行為、審《さば》きといった物語性を帯びた神でもない。さらに、天地創造に責任のある神でさえない。

　このように、天地創造神は、少年スメルジャコフに冷笑された六日間の創造の具体的イメージをどんどん剝ぎ取られていった挙句に、伝統からも教典からも離れ、信者たちの祈りからも生活からも遊離した、まったくの抽象観念へと雲散霧消しつつあるのだ。

七転び八起きの神

とはいえ、最大限・最高級に「すんばらしい」存在として神をイ、メ、ー、ジ、す、る、ことには、信者にとってのメリットがあるとは言えそうだ。

人間は神を色んなふうに脚色してイメージしているが、すべてのイメージは現実によって裏切られていくだろう。

古代イスラエルの民は、民族の保護者としてヤハウェを信奉していたのに、異民族に蹂躙された。今日の敬虔なる信者も、イエス様やアッラーのご加護を受けているはずなのに、病気にはかかる、泥棒には入られる、ハリケーンには祟られる、戦争で焼けだされる……そんなことばかりだ。

期待を裏切られることにより信仰が潰えそうなものだが、しばらく意気消沈したのち、改めて「神は自分が想像していた以上の思慮深き存在ではないか？」と思い直す日が来るというのだから、信仰とは不思議なものだ。死んだ信仰が復活するのである。そのたびに神のイメージはいっそう大きな——多くの可能性をもった——ものとなる。

このようにして、信仰の復活ということが歴史的に繰り返されてきた。言い換えると、「神は考えられる限りの最も偉大な存在者である」という観念が、神の存在への信仰を幾度も幾度も復活させてきたのである。

もちろん、こうした神信仰の復元力《レジリエンス》も、無神論者から見れば、神の存在の証しとなるようなものではない。喉元過ぎれば熱さ忘れるみたいな話でしかないと彼らは考えるだろう。「神は考えられる限りの最も偉大な存在者である」は、信者にしてみれば最も心強い「神の存在証明」（あるいは神の復活の約束）であるが、無神論者にしてみれば、奇跡や臨死体験と同様、信者たちの主観の問題ということになる。

設計からの証明とその反論

さて、神の存在証明の第一のもの――設計（デザイン）からの証明――に話を戻そう。これが何よりも一番人気の神の証明法だからだ。第１章で取り上げたファンダメンタリストの（反進化論的な）知的設計者としての神の説が代表的なものである。

宇宙に、とくに生命の宇宙に秩序があるのは、神が意志をもって設計したからだ、と彼らは考える。

ちなみに、アニミズム的な日本の宗教世界では、自然界そのものに霊的な生成の働きがあると見る。そのような作用をムスビと言う。アニメ『君の名は。』の中で神社の老巫女であるおばあちゃん、一葉が語っていることで今日若い人たちの間でも知られるようになった言葉だが、「産《む》す霊《ひ》」という漢字表記からも分かるように、自然界の生成のパワーを宗教的に表現したものだ。「産《む》す」は「苔の生《む》すまで」の「生す」、「霊《ひ》」は霊力である。もちろんムスビは宇宙の設計者ではない。

聖書の神話では創造神がアダムとして命を吹き込むところから人類が始まっているが、『古事記』の神話では——三浦佑之説によれば——どうやらウマシアシカビヒコヂという形で、カビのように自然に生えてきた神が人間の祖型になっているらしい（「次に国稚《わか》く浮き脂《あぶら》の如くして、海月《くらげ》なす漂へる時、葦牙《あしかび》の如く萌え騰《あが》る物によりて成れる神の名は、宇摩志阿斯訶備比古遅神《うましあしかびひこぢの》」倉野憲司校注『古事記』岩波文庫、一八ページ）。

宇宙の設計をめぐってよく持ち出される比喩に、時計の比喩というのがある。これは一八世紀の神学者ウィリアム・ペイリーが言い出したものだ。

荒野を歩いている者が、石ころを拾っても何も感動はしないだろう。たいしたものに思われないからだ。しかし時計のようなものを拾ったのなら、驚異の念に打たれるだろう。部品どうしが組み合わさってカチカチと動く時計は、どう考えても誰かが設計したものであるに違いないからだ。

そして――ペイリーの感覚では――宇宙は精緻にできているという点で時計に似ている。時計は知的設計の産物なのだから、宇宙だって知的設計の産物だろう――このように考えるのが最もスナオだとペイリーは考えた。

ペイリーの議論に感銘を受ける人がいることは間違いない。筆者自身、この比喩を感動的に語った人に出会ったことがある。

しかし、ペイリーの比喩にもっともらしさを感じない人も大勢いる。一八世紀には時計はけっこうな精密機械であった。生理学も生態学も未発達なので、荒野にもすばらしい生態系があるという発想はなかった。この比喩はそういう時代の産物である。しかし今日では、宇宙も生命体もはるかに精密なものであることが分かっている。石ころに張り付いたコケの生態だって懐中時計の何万倍もすばらしい。

だとすれば、宇宙や生物が知的設計の産物であることはますます必然的ということになるだろうか？

いや、むしろ逆だ。精密さをめぐる時計の価値の下落は、時計と石ころとのコントラストによって「知的設計の産物」と「知的設計とは無縁な物体」とのコントラストに気づかせようという、ペイリーの比喩の効果を台無しにしてしまうのである。

そもそも宇宙の中から「設計された部分」と「設計されなかった部分」とを引っ張り出して、宇宙全体は「設計された部分」のほうに似ていると論じるのは、どこか馬鹿げたものである。設計説の信者は「神様は宇宙のすべてを設計した」と考えている。そんなオールマイティな設計者の前には、設計部門と非設計部門の区別は意味を失ってしまう。

何が「設計」で何が「非設計」かとたちどころに判別できる規準というものはない。ペイリーはただ自分の直観すなわち先入観を指針としているだけである。ペイリーは宇宙や自然を眺めて感動したのだろう。そして時計を見ても感動したのだろう。感動と感動とが共振したというだけである。

ペイリーと同じ一八世紀に生きた哲学者デビッド・ヒュームは、ペイリーとは逆の意見をもっていた。彼は自分の著作の中の論者に、宇宙は時計よりも動物や植物のほうにこそ似ている、と言わせている。動物や植物は産出や生長によって生じているのだから、宇宙もまた産出や生長に似たやり方で生じたと考えたほうが理に適っているというのが、この人物の結論である（『自然宗教に関する対話』）。

ヒュームのこの見解は、何がしかムスビ論的である。ムスビとは生物の生殖の比喩のようなものだろう。生物の繁殖や生長をムスビと要約できるならば、そして宇宙全体は機械よりもむしろ生物に似ていることを受け入れるならば、宇宙のあり方は聖書の記述よりも『古事記』の記述のほうに近いということにだってなりそうである（どのみち神話なのだが）。

我が日本の中江兆民――自由民権運動の中江兆民だ――は、ペイリー流の神の存在証明を批判して、人間のつくったいかなる機械仕掛けよりも、自然界そのもののほうがはるかに精緻であるがゆえに、むしろ進化論のほうが信じられると言っている（『続一年有半』）。人間が浅知恵を働かせて機械をつくるようになってから、たいした年月がたっているわけではない。しかし自然は長大なる年月をかけて一歩一歩前進していった。兆民にとっては進化論のほうが説得的だった。彼の思考には日本アニミズムのムスビの生成的自然観が寄与していたかもしれない。

還元不能な複雑性？

設計による神の存在証明は、哲学的には「論点先取り」の観点から批判される。論点先取りとは、証明されるべき事柄が、主張の前提になってしまっているという虚偽の論法のことだ。何かを見たとき、それが「設計の産物」だと直観し、「それゆえ設計者がいる」と結論を出すのは、一見論理的だが、そうではない。「設計の産物」というのは自然な知覚ではなく、「設計者」の存在を前提とした判断に他ならない。設計の産物だから設計者がいるのではなく、設計者がいると思うから設計だと思うのである。

こうした批判を避けるために、「設計」を「複雑さ」と言い換える人もいる。ここで言う複雑さ（もっと長く言うと「還元不能な複雑さ」）とは、部品どうしが巧みに組み上がっており、どれか一つを引き抜いたら（あるいは不完全にしたら）何も機能しなくなるような、そんなシステムの状態のことだ。生物の細胞とはまさしくそのような意味で複雑なものだと彼らは考える。

彼らは、進化論とは生物の部品が（不完全なものから完全なものへと）一個一個変化していくことだと思っているので、ここから進化論の破綻が立証できると考えている。そしてまさしくこの複雑さこそが、部品どうしを一挙に組み上げたであろう超絶的な設計者の存在を予期させるものだと言うのである。

マイケル・ベーエという生化学の教授がそのような複雑性を提唱したので、反進化論者たちは喜んだ。しかし、ドーキンスら一般の生物学者によると、この論法は間違っている。

複雑なシステムであっても進化による成立は可能だ。あれこれの部品が今より不完全であっても、その段階における相応の機能を発揮することは常に十分にあり得る。進化が進むにつれて機能それ自体が少しずつ変化していくのである。だからどんなに複雑な構造を見ても、そこからただちに「設計」という結論に飛びつく必然性はない。

説明不能とか還元不能とか言い出すのは、結局やはり論点先取りなのである。というのは、説明不能であるのかどうかは、説明を工夫してみなければわからないからだ。仮に今うまい説明ができなかったとしても、ここで推理をストップさせる理由はない。将来の科学の発展を待てばいい。推理を打ち切るのは「説明不能」であることが明らかになったからなのではなく、「説明不能」ということで議論を打ち切りたいから――つまり「設計者」を持ち出したいから――に他ならない。

何か説明できない事象が生じた（ように思われた）ときに、それを説明する決め手として呼び出される神のことを、一般に「隙間《ギャップ》の神」と言う。説明の隙間を埋めてくれる好都合な神ということである。もちろんそうした神は説明を補うようなものではなく、ただ「説明できない」ということの言い換えであるにすぎない。

「隙間の神」は束の間にしか存在できない神として有名である。ある時点で「神がやったとしか思えない」と思われた奇跡的事象が、数年後には立派に科学的説明がついてしまう、ということが繰り返されているからだ。

カミワザ！の感動

設計による神の存在証明というのは、精妙なものを見て心を打たれたときに日本人が発する「カミワザだ！」という感動の言葉を、もっともらしく言い立てただけのものかもしれない。

亡くなった私の母は、神は信じていなかったが、テレビや雑誌に不思議な模様や色彩の動物が紹介されているのを見ると、「カミサマってよく考えるねー」などと言ったものだ。そこにはいくばくかコミカルなイメージが漂っていた。髭の生えた爺さんのカミサマが動物の体を組み立て、毛皮にペンキで模様を描いているといった感じである。一種の「知的設計者説」である。

家々をめぐって勧誘している教団の方々もまた、玄関先で、驚くべき動物の生態写真などの載っている勧誘リーフレットを開いて、その見事さが神の存在を暗示するかのように語る。彼らはそれが進化論がインチキであることの証明になると思っているが、教団の教えを鵜呑みにしているにすぎない。彼らは個人的にはただ私の母のように感じているだけだろうと思う。そういう感情を巧みに操って、人々に反進化論を植え付けようとしている組織者がいるのだ。我が家を訪れた勧誘者は「私も昔は進化論に騙されていたんです！」とさも嬉しそうに言った。

アメリカの反進化論を標榜する集団の中には、地球温暖化がウソだと言い張る団体もある。そういうのがアメリカの大統領を動かして地球の運命に悪い影響を与えていることを思うと、やはり考えさせられる。無神論の急成長の背景には知的汚染を憂える人々の危機感があるのだ。

理神論の神

伝統的に、聖書などに具体的な物語が記された神と、科学者などが理論的に想定した神とは区別されてきた。科学者の神のビジョンは理神論（Deism）と呼ばれる。宇宙を立ち上げ、そこに自然法則を与えて以来、一切の介入を行なわなくなったという抽象的な神のイメージである。中世が終わってから二〇世紀前半くらいまで、西洋の科学者たちが自然法則の発見に努力を傾けてきたのは、科学を通じてこの抽象的な神の御心を知ろうということでもあった（「理神論」という言葉じたいは一七世紀の英国に生まれたものである）。

理神論の神は一般信者の信仰とは無縁だ。この神は祈っても応えてくれない神なのである。この神は知的な《創造の神》ではあっても、人々の不幸を癒す《奇跡の神》ではないし、教典を通じて戒律を発布する《規律の神》でもない。ファンダメンタリストなどが考えている知的設計の神は、最初に設計の仕事を一挙に済ませてしまったという点で理神論の神に似ている。しかし、提唱者たちの動機は、ふつうの意味での神――奇跡を起こしたり祈りに応えたりする神――の信仰を盛り立てることである。動機レベルでは、彼らは理神論者ではない。

理神論の神に似た無機質な神の例をさらにもう二つだけ挙げよう。どちらもナヴァビが *Why there is no God* で扱っているものだが（チャプター11とチャプター14）、話を簡単にまるめておく。

一つは、物質とエネルギーの総和は増えも減りもしないというところから、天地の初めに宇宙の素材をまるごと準備した存在として呼び出される神である。宇宙は無から生じ得ないということらしいのだが、では、神は宇宙の素材をどこから調達したのだろう？　説明になっていないという点では、第一原因を持ち出す証明の場合と大差ない。

もう一つは、同一律・矛盾律・排中律といった論理規則の後ろ盾として引っ張り出される神である。こうした規則を宇宙中に守らせている御本尊が欲しいのだ。しかしまあ、警察がなければ交通ルールが守られないのは事実だとしても、同一律・矛盾律・排中律は交通ルールのようにして守られているのではなく、ただ人間がそのような言葉で世界の事実を記述しているだけである。同一律に合わせてリンゴがリンゴであるのではなく、リンゴはリンゴだということを同一律と呼んでいるのだ。

多神教と汎神論

ヤハウェやアッラーと異なり、多神教の神々は、全世界の設計や創造や運営のような大事業には、ふつう手を染めていない。しかし神による宇宙創成の神話が全然ないわけではない。ヒンドゥー教では、ブラフマー神が宇宙を創生し、ヴィシュヌ神が宇宙を保持し、シヴァ神が宇宙を破壊し、そのリズムで宇宙は消滅と再生を繰り返すという。

東洋の高度な文明においては、神・神々の信仰とは別枠として、宇宙の一個の原理を求めるということをやってきた。神道のムスビはそうした原理の一つである。道教では自然現象が従い、人間もまたたどるべき道である「タオ（道）」が説かれる。儒教では一神教の神に似ているが神よりも無機的な「天」が説かれる。一般に中国思想で人気のある「気」なるものも一種のエネルギーとして宇宙を統一している。インドのブラフマン（梵）も気に似たパワーのようなものである。ブラフマンは神格化されてブラフマー（梵天）ともなったが、しかし梵天は唯一神にはならなかった。かえって、ヴィシュヌやシヴァのような具体的な神話をもつ神のほうを、それぞれの宗派の信者たちはあたかも唯一神であるかのように奉じている。仏教では法（ダルマ）が説かれる。それはブッダが見つけた永遠の真理のようなものだ。こうした法を体現する存在が仏（ブッダ）である。これもまた抽象概念の神格化と言うことができる。

東洋宗教におけるこうした究極概念は、「一」なる原理という意味で、一神教の神に通ずる性格のものである。

ただし、それらは一神教の神と違って人格的な自己主張を行なわない。概ねそれは観念的なパワーや漠然とした法則のようなものである。ブッダは人格的であり、祈りにも応えるようだが、天地創造は行なわない。

東洋宗教の高尚な概念は、多神教と融和しているのみならず、しばしば汎神論的である。汎神論とは森羅万象を神の現れと見る世界観だ。この思想は自然に対する文学的讃美とそんなに異なるものではない。

というわけで、「存在する」「存在しない」とやかましい議論を巻き起こすのは、人格的な強いキャラクターをもつ一神教の神に概ね限られる。具体的な神話をもち奇跡を引き起こすばかりか、聖書やコーランの中に重厚な「歴史」として記されている神であるからこそ、そんな暑苦しい存在が本当に有るのか無いのか、問題になるのである。汎神論の神、多神教の神、さらには東洋思想系のさまざまな高尚な概念は、多くの場合、無神論者の攻撃からお目こぼしされている。

科学と一神教

一神教の創造神はたとえ幻想だとしてもアッパレな幻想である。繰り返しになるが、ともかくも宇宙は一個の意志によって造られたに違いないという信仰があるからこそ、世界を統一する法則を見出そうというアッパレな努力も生まれるのであり、これが科学の発展を促したことは間違いないからである。

古代のギリシャ・ローマ世界はアトム論を打ち出したり、地球の大きさを計算したりと今日の科学の原型のようなものを生み出したが、人々は自然をアニミズム的な神霊の生きる空間として眺めていた。中世の「暗黒時代」にいったん世界を神の視点で眺めるようになってはじめて、自然を法則の支配する場としてニュートラルに眺めることができるようになった。一神教の神は自然界から怪しげな霊を追い払った。その自然を冷徹に調べることで、科学が自立し、次に神が宇宙から追い出されるに至ったのだ。

インド世界も中国世界も、もちろん日本のような辺境も、近代科学を生み出さなかったし、その気配もなかった。インド人は論理的といえば論理的なのだが、自然観察よりも主観的瞑想にエネルギーを注いだので、物理的世界についてては呪術的な目で眺めるままであった。中国人は現実の観察にすぐれていたし、紙や火薬や羅針盤を発明した実績があるが、論理法則への関心は薄かった。江戸時代の日本人は行列などの高等数学を一種の芸事としてたしなんだりして、難問を解いては神社に絵馬として奉納したりしたが、そうした営みも結局オタク芸止まりだったように見える。古代ギリシャ文明の影響を受けたイスラム文明には科学的探究の萌芽が見られたが、アッラーは法則性よりも絶対君主としての気まぐれ性のほうが高かったようだ。律義に神の法則を見出そうと最後まで頑張ったのは、結局、西欧のクリスチャンだけであった。

もちろんこれはあくまでも結果論の歴史である。無神論者はこういう歴史的文化論には興味がない。占星術から天文学が生まれ、錬金術から化学が生まれたのが事実だったとしても、占星術や錬金術を「真理」として宣伝するわけにいかないように、キリスト教から科学が生まれ育ったのが事実だったとしても、そのことはキリスト教の真理性に少しも寄与しない、と無神論者は考える。

存在論的証明や設計からの証明など、神の存在証明については、もう少し細かな点も含めて、ダニエル・C・デネットの『解明される宗教』第8章（青土社）やドーキンスの『神は妄想である』第3章（早川書房）に面白い解説がある。宗教哲学の本でももちろん詳しく取り上げている。たとえばジョン・ヒック『宗教の哲学』第2章（勁草書房）。

コラム

コンウェイの「ライフゲーム」

単純なゲーム設定から

アーミン・ナヴァビの *Why there is no God* は、数学者ジョン・コンウェイが七〇年代に発案した興味深い数学ゲーム「ライフゲーム」を紹介している。それは、単純なものが複雑なものを生み出す様子をじかに見せてくれる実験である。ナヴァビの説明はそっけないので、これを読んだ人もピンとこなかったかもしれない。ここでもうちょっと詳しく説明してみよう。

まず、碁盤の目のように縦横に線を引いた紙がここにあると想像する。それぞれのセル（碁盤の「目」）を微生物に見立て、セルが白いままであれば「死んでいる」とし、セルが黒であれば「生きている」とする。

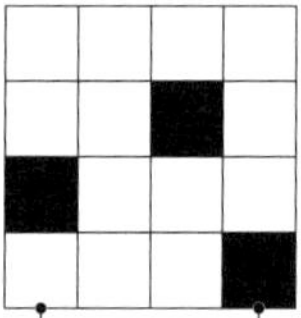

さて、ゲームのルールを次のように決める。

「生」のセルは、その上下左右斜め方向の隣接セルのうち四個以上が「生」であれば、次の瞬間「死」ぬ。隣接セルのうち二～三個が「生」であれば、「生」き続ける。一個しか「生」がなければ、「死」ぬ（微生物にたとえるなら、環境が過密か過疎であれば微生物は死に、ほどよく仲間がいるときだけ生き続けるというイメージである）。

「死」のセルは、その隣接セルのうち三個が「生」であれば、次の瞬間「生」き始める（微生物にたとえるなら、近接する者どうしで次世代を生み出す――繁殖する――のである)。

コンウェイはこれだけのルールを決めて、あとは人々に任せた。碁盤上に「生」「死」を自由に塗り分けたさまざまな図柄をつくってみなさい。そしてセルの微生物たちが次々と生死を繰り返して、さまざまなパターンをつくっていく様子を観察しなさい。うまくすれば、奇跡的に面白いパターンが生まれるかもしれない……。

そして実にさまざまなパターンが発見されたのである。

最も単純なパターンとして「グライダー」と名づけられたパターンがある。ウィキペディア「グライダー(ライフゲーム)」の項に動画GIFがある。グライダーの動きは四段階であり、五回目に元のパターンに戻る(ただし右下方向に一単位進んでいる)。

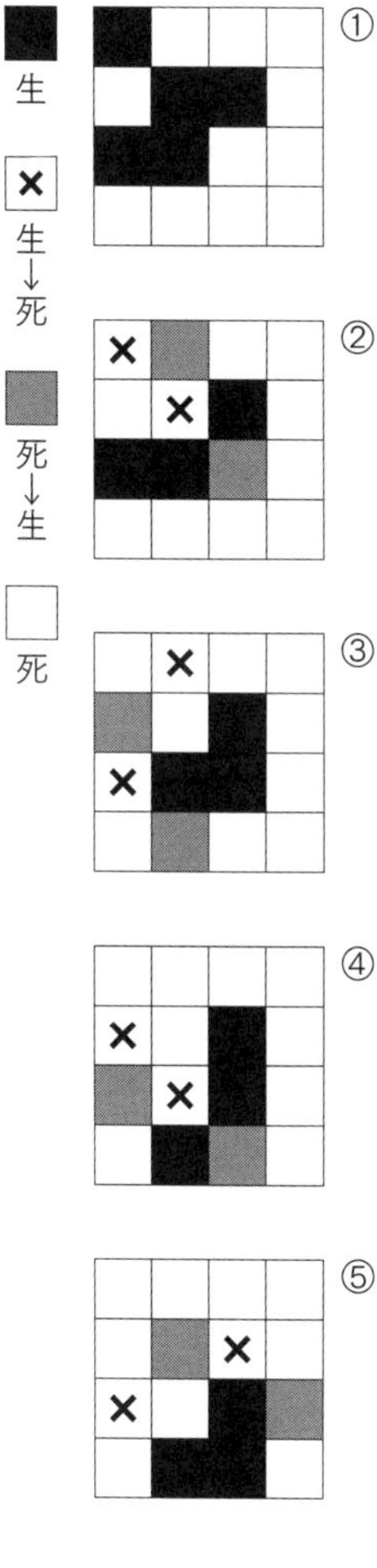

このグライダーを次々と発出する機関銃のようなパターンも発見された。「グライダー銃」と呼ばれる（この動画GIFもウィキペディアで見られる）。

さらにどんどん複雑なパターンが発見されていった。本当にこれがあの簡単な規則から生み出されたパターンかと目を疑ってしまうような、複雑怪奇でアートフルな巨大連続パターンもある。YouTube上で動画が見られる（https://www.youtube.com/watch?v=C2vglCfQawE）。

単純なものが複雑なものを生み出す

コンウェイのゲームの教訓はこうだ。

非常にシンプルな設定から、自動的に、驚くべき霊妙な動きをするパターンが生まれることがある。結果だけ見ていたら、誰かがいちいちパターン造りに意図的に介入しているように見える。

最初のルール設定は確かにコンウェイが行なったものだが、これは極めて「無機的な」ものだ。彼はあれこれの具体的パターンを導き出そうとしたわけではないし、そのような見通しも不可能である。つまり、これはあたかも誰かが具体的に設計したかのごとく霊妙なるパターンであるものの、実際にはパターンに関する「知的設計」はない。

自然界の見事に複雑な生態系とても、もとはといえば分子・原子・素粒子などの、あるいは宇宙に存在する基礎的な力などの、単純な規則からの積み上げげで出来上がっていると考えて差支えはないのである。

もちろんコンウェイのゲームは、進化論の妥当性を証明するものではない。しかし、進化論に文句をつける人の発想の出発点にある「見事なパターンは必ずやそれに見合うだけの見事な知性の設計の産物であるに違いない」という直観がアテにならないものであることを教えてくれるのだ。

3 《奇跡の神》

焦点は人間の心理

2節で見た《創造の神》は大げさな概念であり、科学者や哲学者を巻き込むやかましい論争を呼び込んでいた。神の存在証明も、それに対する無神論からの反論も、深刻に受け取っているのは欧米のクリスチャンである。アニミズム、多神教や悟りの宗教である仏教がメインの日本では、誰もあまり真剣に受け取っていない。

実のところ、極めて抽象的で内容空虚な存在論的証明や宇宙論的証明に入れ込んでいるのは、一神教世界においても一部の知識人に限られる。生活に忙しい一般信徒はそんな迂遠な議論には興味をもっていない。

生命の知的設計者としての神の防衛論争には一般信徒も動員されているが、イエス様の日々のご加護を信じている老若の善男善女が、進化生物学や宇宙物理学の議論そのものに関心をもっているわけではないだろう。庶民の意識としては、「自然界は奇跡的にすばらしいので、きっと神様がお造りになったに違いない」という程度の話なのである。この神様のイメージは、実質的には本節で扱う《奇跡の神》だと言っていい。

一神教の世界でも多神教の世界でも、一般信徒の最大の関心は、神ないし神々が起こす奇跡にある。病気治しや開運である。日本のキリスト教は知識人階級が多いので泥臭い信仰治療はあまり行なわないが――日本では奇跡信仰は「新宗教」や「民間信仰」の領分ということになっている――海外のキリスト教会には、信仰治療やビジネスの成功祈願を売りにしているところが多い。《奇跡の神》の信仰に関しては一神教と多神教の差はないと言っていい。仏教は奇跡信仰を煩悩の現れと見たりもするが、実際にはたくさんの呪術を行なっている。日本で密教が流行ったのは、招福除災の加持祈禱を行なってくれるからである。宗教は九割以上奇跡信仰であると言いきってもいい。

さらに言えば、奇跡信仰は「神様」や「霊魂」抜きでも成立し得る。ここには超能力、超常現象、超心理学……と「超」のつくあらゆるマジカルな信念の世界が広がっている。ホメオパシー、鍼などの代替医療も、過熱した健康ブームも、ワクチン忌避のようなトンデモ系信念もここに棲息している。また自己啓発セミナーの「やればできる」式の信念にも奇跡信仰めいたところがある。

これらはみな人間の個人的あるいは社会的な心理現象として解読可能なものであるから、

《創造の神》の場合と違って、《奇跡の神》をめぐる無神論からの反論も、実際にはあまり神様をめぐる話にならない。世にはびこるトンデモ系信念の真相を暴く、NHKのドキュメンタリーシリーズ『幻解！　超常ファイル』のような議論だ。論者も「無神論者」というよりは「懐疑主義者」と言ったほうがいいだろう。

1節でも触れたが、《創造の神》と《奇跡の神》とはしばしば相反する性格を見せる。《創造の神》のビジョンでは、神は自然法則をかっちり制定したり、生物の構造に揺ぎ無いデザインを施した。ところが《奇跡の神》のビジョンでは、神は自分が決めた法則やデザインを平気で破壊するのである。もちろん、法則やデザインを造った本人だからそれをぶち壊すのも自由だとは言える。だから矛盾だとは言えないのだが、気まぐれで無責任に見えてしまうのは神様のキャラとしては残念なところであろう。

本当の奇跡と疑似的な奇跡

奇跡は自然界の法則を破ったかに思える出来事のことだ。医者に見放された病気が治ったとか、旱魃の最中に雨が降り出したとか、語り手にとって好都合な場合がふつうであるが、不運な出来事の場合でも奇跡と呼んでいいはずである。あなたが奇跡的に戦いに勝利したならば、あなたの敵は奇跡的に戦いに負けたことになる。

今日まで、自然界の法則を破るような奇跡が確実に起きたという事例は見つかっていない。モーセの一行が海を断ち割って横断したのは、聖書にそう書いてあるだけの神話である。ユリ・ゲラーがスプーンを曲げたのは、トリックでいくらでも再現可能な平凡な出来事である。イエスの病気治しから、御船千鶴子の千里眼まで、蒙古来襲のカミカゼからノストラダムスの大予言まで、奇跡性が確実であるような事例は何もない。

奇跡という言葉はしばしばかなりユルい感じで使われる。単に滅多に起きないというだけでも我々は「奇跡」と言う。宝くじが当たったとか、本命でも穴馬でもない馬が勝ったとかだ。こういうことは日常的に頻繁に起きていることなので、厳密には奇跡に属さない。びっくりしただけでは奇跡ではない。

くじに当たるのが奇跡でないことは、誰にでも分かることだ。なぜなら常に誰かが当たりくじを引いているからである。東京のど真ん中で珍しい知人に出会ったというのも、起こり得ることが起きただけだ。自分以外の人間はすべて死んでしまった飛行機事故というのは、当人にとっては「奇跡的」であるが、客観的には単にあり得る話でしかない。

『懐疑論者の事典』の中で哲学者ロバート・T・キャロルは次のように書いている。

「……なにしろ地球上には六十億以上の人間がいるので、百万回に一度のことであってもひんぱんに起きるのだ。たとえば、飛行機事故の夢を見た翌日に実際に飛行機事故が起きる確率を百万分の一としよう。すると、六十億人それぞれが一晩に見る夢には平均で二百五十のテーマが含まれるので、予知夢を見る人の数も一日百五十万名ほどにのぼるはずなのだ。しかも、当然ながらわたしたちは自分が関心や不安を抱いている物事についての夢を見がちだから、実際の人数はもっと多くなるはずだ。それに、夢に関するデータは一般にあいまい、もしくは漠然としているため、広い範囲の出来事を正夢だったことにできてしまう。」（小久保温他訳、『懐疑論者の事典』下、一一四ページ）

信仰治療

信仰治療やマジナイで病気が治ったように見えたとしても、それが即奇跡を意味するわけではない。そもそも常に誤診ということがある。誤診ではなくても、身体現象にはまだまだ分からないことがある。重篤に見える患者でも、快方に向かう人間は常にいる。それは確率の問題だ。確率的に低いことが起こると「奇跡」に見えてしまうが、身体のそうした微妙なからくりが十分に解明されていないだけであって、文字通りの奇跡が起きている証拠はどこにもない。

もちろん、「たとえ重篤であっても――医者が見放しても――希望を棄ててはいけない」という意味で「奇跡を信じよう」と言うことは可能だ。この場合の「奇跡」は未来への希望を意味する。

また、病気でも他の現象でも、多くの現象には波がある。ピークが来て、次には引いていく。たとえば痛みに悩まされ、思い余って信仰治療を受けるとする。痛みが緩和すると治療が効いたと思ってしまうが、治療を受けなくても痛みは自然に軽減したのかもしれない。

痛みというのはかなり主観がかかわるものであるらしく、火事場のような緊急の場面では大けがをしていても痛みを感じずにいることがある。鍼などは痛みの緩和に効果があるとされるが、それはあくまで主観的な出来事であるかもしれない。偽薬でもある程度の効果をもつというプラシーボ効果というのがあるが、代替医療の効果には常にこれの疑いがある。プラシーボ効果自体は奇跡ではない。心理状態が身体の生理に影響を与えるのではないかと言われている。

また、信仰治療を売りにする宗教教団がチラシに書く「治った皆さんから続々寄せられるメッセージ」は、統計学的には無意味である。病気が治った人、治らなかった人、悪化した人の統計調査というのは行なわれていない。治らなかった人は単に教団を去っていくだけだろうから、治った人の証言だけを集めても意味がない。

さらに「治る」の定義が定かではない。「治った」と思ったあとで病状が悪化するかもしれない。それなら「治って」いないわけだが、そんな場合でも、教団の人は「治った」に数えるだろう。

「神の奇跡ではないとは誰にも証明できない」？

珍しい出来事が起きたとき、当事者はそれが奇跡だと思いたがる。神の信仰のある者は、神がもたらした奇跡だと考える。そうした私的な神話をナンセンスと言って責めることはできないし、もしかしたらそれは敬虔にして奇特な、すばらしい心境であるかもしれない。しかしもしその人が「これが神のおかげではないと、あなたに証明できるのか？」と詰め寄ったとすれば、「それはスジが違う」と答えるしかないだろう。

我々の世界は無数の因果関係の集積で成り立っている。日常的な因果関係を外れる超自然的な理由を持ち出すときには、それ相応の理由がなければならない。ある出来事が起きたのが「キリストのおかげではないとお前に証明できるのか？」と誰かが言うのを許すのなら「薬師如来のおかげではないとお前に証明できるのか?」と別の人が言うのも許さなければならない。潜在的に、超自然的な理由は無数に挙げられる。「神のおかげか、神のおかげではないのか」という言い方をすればフィフティ・フィフティの確率という感じがしてしまい、信仰の主張も十分に尊重しなければならないと思ってしまうが、なにせ神様の数が無限にあるので、神様一人あたりの効能の可能性は無限に縮んでしまうのだ。

驚くべき仮説については、仮説を述べたその人が証明する義務を負う。他の人に立証責任はない。神や霊を持ち出して語り出した人の話には常に耳を傾けなければならないということになれば、単に思い込みの激しい人、妄想的な人、声の大きな人、詐欺的な人に世の中が振り回されてしまう。そのようなヤクザな事態は避けなければならない。

そういう意味で、奇跡や霊能力の話は原則としてすべて無視していいのである（あとは当事者に対する愛情の問題である。愛する家族や友人の語るちょっとした奇跡譚に相槌を打ったってかまわないだろう。私的生活圏内の愛情ある神話に対してあれこれ口出しするのは野暮というものである）。

何にでも意味を見出すという脳の性癖

一般に——荒唐無稽なものも含めて——何かに意味を見出してしまうのは、人間の脳の性癖である。壁や天井のしみが人の顔に見えてしょうがないということはよくあることだ。隙間風の音だって人間の声に聞こえる。火星表面の写真に人面岩を見つける人もいるし、歴史の中にやたらと陰謀的なパターンを嗅ぎつける人もいる。つまらない社交辞令的な手紙が熱烈なるラブレターに読めてしまうこともある。ある日の出来事が前の晩に見た夢の出来事と呼応していることに気づいてはっとすることもある。

こじつけ的なパターン認知が嵩じてくると「妄想」となる。曖昧な映像に人の顔や動物の形を見出す「パレイドリア効果」は正常のプロセスであるようだが、無関係の事象に突拍子もないつながりを見出す「アポフェニー」となると精神病理学用語である。統合失調症の徴候であるが、芸術家の創造性にはこれにたいへん近いものもあるようだ。

なぜ脳はパターンを過度に読み取る癖をもっているのだろう？　一説によれば、そのほうが生物として生きていくのに有利だったからだ。確かに、ジャングルの中で生き残るには、枯れ枝を見てもそこに蛇の姿を読み取る脳をもった人のほうが、蛇を見てもよくある枯れ枝じゃないのかと冷静なままでいる脳をもった人よりも、生存に有利ではあっただろう。

呪術も科学も、人間のパターン発見能力とかかわりがある。雷鳴と雷雨の関係を見てとった原始人は、ドラを鳴らせば雨が降るかもしれないと推理した。「雨乞い」という呪術であるが、同時にこれは科学の始まりでもある。パターンや法則の読み取りを洗練させていき、偽りのものを排除していくことで今日の科学が誕生した。そして今度は、この科学の立場から、伝来の信念における偽りのパターンや法則を指摘することができる。妄想を生み出すことのできる脳味噌が、妄想の駆除にあたることもできるわけだ。

もちろん、場合によっては科学だか妄想だかにわかに判断がつかない場合もある。二〇一四年のＳＴＡＰ細胞騒動がそうだった。もちろんこれは「科学があてにならない」ことの例証になるわけではない。短期的にはアテにならないこともあるが、すぐさまさまざまな検証によって間違いが訂正されてしまうのである。中長期的には自然科学の蓄積的知見は信頼できる。

しかし自然科学の分野を離れれば、怪しいことは常にある。人文・社会系の学問の信頼度は自然科学に比べればかなり落ちる。経済学だって自然科学者から見れば呪術にかなり近い。世の中を見渡してみれば、ホメオパシーが医学なのか呪術なのか区別のつかない人も大勢いる。ネット情報があふれる時代、フェイクニュースの真偽を確かめるのは次第に難しくなってきた。ゲームは高度化してきており、世界は呪術化しつつあるようにも見える。

呪術的思考は日常的に見られる

すでに述べたように、人間には心身相関的なところがあるから、病気にかかっても気を落とさず、希望をもって生きたほうがいい。場合によっては、この希望は奇跡待望に近いものになる。

病気が治ったときに「奇跡が起きた」と主張すればトンデモ系になるが、病気が治る前に「奇跡が起きますように」と願うのは人間にとって自然なことである。過去の奇跡はトンデモ系だが、未来の奇跡は希望である。あまり大それた希望をもつのは病理的だが、ほどよい希望は許されるだろう。

ここで改めて考えてみれば、我々は常に、未来に対する希望的観測の中で生きていると言うことができるだろう。会社の企画でも政府の政策でも厳密には怪しい予測や計画というのはふつうにある。ベンチャー企業の社長は、あれこれ独自的なジンクスを信じていることもある。政治家が御託宣や星占いに頼ることもあるようだ。そんなのが人間という生き物の実態なのであれば、重病にかかって藁をもつかみたい気持ちでいる人の奇跡信仰を正面きって批判するのはためらわれる。

もっともこのあたりの匙加減は人によって判断が違う。欧米の無神論者はこういったレベルの奇跡願望も許せないらしい。キリストの奇跡を謳う教会が、同時に進化論を否定したり異教徒への敵意を煽ったりしているので、無神論者も、甘い顔を見せられないのだ。

また、奇跡願望は許せるといっても、重病が治ると称して高額の霊感商品を売りつけたりする商売を許すわけにいかないのは当然のことだ。

物事はすべて程度問題だ。しかしこの「程度」というのが難しいのである。

祈りと達観

奇跡を願う行為――呪術的行為――はたいてい祈りや呪文のようなものを伴っている。それは神仏に対するお願いの表明であるか、神仏への帰依の表明である。「悪霊退散！」と声を発したとすると、それは悪霊とされる悪い因子を消してくれというお願いだろう。「南無阿弥陀仏」と唱えるのは阿弥陀ブッダへの帰依だ。

宗教公認の正式の祈りの文句は、お願い文ではなく帰依の宣言の形をとっていることが多い。「天にましますは我らが父よ、願わくは御名の崇められんことを……」で始まるキリスト教の主の祈り（「マタイによる福音書」に記載されている）は、「願わくは」となっているものの、病気治しや開運を祈願しているのではなく、神の名が崇められよと言っているのであり、つまりは「神よ、あなたが世界の中心だ」という表明を行なっているのだ。

つまり宗教の公式の祈りは、人間を自己中心から神仏中心の世界観に招くような文面で出来上がっているのである。神中心ということになれば、そこにあるのは「病気が治ったらもちろん有難いが、治らなくてもそれが神様の思し召しであるのならばその運命を受け入れる」という達観した態度だということになる。

つまり、多くの大宗教の公式の教えは、奇跡の成就を請け合うというよりも、達観の受け入れを勧めているのである。

もちろん、実際には、奇跡願望と達観とははっきりと分けられないままに混ざり合っている。病気を抱えている一人の人間が、あるときは「病気が治ってほしい」と心から願い、あるときは「病気が治らなくても仕方がない」と達観するということは、ふつうにあることだろう。

不治の病で死んでいく患者の精神的ケアを提唱したエリザベス・キュブラー・ロスの描

く図式によれば、重篤な患者の精神的状況には共通するステージがある。最初は病気の診断を受け入れるのを拒み、神を恨んだりもするが、やがて無気力を経たのちに清明な達観に向かっていくというのである。出来過ぎた図式ではあるが、生理的にはあり得そうなことだろう。

ともあれ、奇跡を願う気持ちと達観した精神状態とはグラデーションをなすものであり、画然と二つに分かれるものではなさそうなのである。

無神論の議論は祈りをもっぱら奇跡願望として扱う。実態としてはその通りなのだろう。本当に達観していたら、声に出して祈るまでもないからである。

文学的感性にとっては味もそっけもない話だが、祈りが実際に重病人の回復に効果をもたらすかどうかを実験した人たちがいる。二〇〇六年にアメリカの心臓学会誌に発表された、六つの病院で心臓の手術を受けた一八〇〇名の患者を対象とする大々的な祈りの実験である。さてしかし、「外部の人間が祈ることは、患者の病状に有意の変化を与えるであろうか？」という疑問に対する答えはノーであった。祈りと回復との間には何の関係もなかった。

ただし、祈られていることを知らされている患者は、知らされていない患者よりも病状が悪くなる傾向があった。おそらくその理由は、「祈られている」ほどに自分の病状が悪いと思うことが、病気に悪い作用を及ぼしたということだろう。

プロセスの重視

神中心の世界観で考えている信者は言う。神様は病気治しの自動販売機ではない。神が自分の都合に合わせてくれると考えるのは間違いだ。神様は、①祈りをすぐに聞き届けることも、②（試練として）時間をおいてから聞き届けることも、③深い理由があって敢えてそれを退けることもある——。

こういうアドバイスは、奇跡信仰から神中心の（つまり達観の）世界観へと導くための物言いとしてはなかなか巧みだと思える。しかしそう思うのは、曖昧な物言いに慣れている文学的な人間だけかもしれない。自然科学的厳密思考をする無神論の立場からすれば、①②③の三つのモードは、奇跡的現象に関して「ただちに起こる」「やがて起こる」「いつまでも起こらない」とごく当然の分類をしただけであるから、これが神の深慮だというのはペテンでしかない。

洞察に満ちたアドバイスか、当たり前のことをもっともらしく言って人をケムに巻いただけのものか？

一般的に、無神論者は物事を命題的に捉える。神は有るのか無いのか、奇跡は有るのか無いのか、すぐに起こるのかゆっくり起こるのか？　これに対して、信者の多くはもっと文学的な世界の中に生きていて、人間どうしのコミュニケーションの中で徐々に「気づき」が得られることを待っている。

ここにどうやら、命題かコミュニケーションか、無時間的な真理の発現か時間的な発見の過程かという発想の差、人間観の差があるようなのである。

他方また、白黒をはっきりさせようとする無神論者の思考は、一神教神学の命題的な物言いの反映であるとも言える。仏教、とくに大乗仏教は「迷いの中に悟りあり（煩悩即菩提）」といった調子で、命題的には常に曖昧なことを主張している。この修行宗教はもとよりプロセスを強調する宗教である。究極目標である悟りも、生きている間に達成できるものなのか、死んで何億回も輪廻してようやく達成できるものなのか、あるいは修行の最中に垣間見られる一瞬の予感のようなものなのか、判然としない（これは神への祈りがいつ聞き届けられるのか判然としないのにちょっと似ている）。どうやら悟りや解脱とはシンボリカルな目標であって、日常の中で何らかの達観や気づきが現れれば、実質的にそれでＯＫというのが日本仏教の落としどころであるようだ。

ちなみに、ユング心理学は、人間心理を癒しと気づきの途上にあるものと見なすと同時に、禅、密教、ヨーガ、道教といった東洋の解脱的な伝統に共感を寄せている。無神論や自然科学の立場からは、ユング心理学が——フロイトの精神分析とともに——疑似科学に近いところにあるとは言えるだろう。フロイトの性や抑圧の理論は今日では一般に否定されている。ユングはシンクロニシティ（意味のある偶然の一致）を提唱したが、科学的にはナンセンスと言っていい。ユング心理学を日本に紹介した河合隼雄も、ユング派に好意的であった哲学者の中村雄二郎も、ユングの手法を科学というよりも芸術的テクニックに近いものと見ていたようだ（中村雄二郎『哲学の現在』、雑誌『現代思想臨時増刊総特集ユング』参照）。

仏教のロジックもまたアートのようなものだとすると、命題的に真偽を定めるのは難しいだろう。文学や芸術の効用にシロクロはつけがたいからである。

臨死体験と死後の世界

祈りが通じても通じなくても、奇跡が起きても起きなくても、やがてあらゆる人間は死を迎える。死後の世界の証言が神の存在証明に使われることは一般的ではない。なにせ死の世界から舞い戻ってきた人間など存在しないのだから、死後の天国や地獄の存在をめぐって神の存在を論じたくても、論じるすべがないのである。

とはいえ、例外がある。それはいわゆる「臨死体験」言説と「前世の記憶」言説だ。

事故や重病でいったんは「死ぬ」。そしてまもなく息を吹き返し、見てきた死後の世界についての鮮明な記憶を語る。これが臨死体験言説だ。二〇世紀後半に急速に話題となったが、現在は人々の興味を引いていない。二〇世紀後半に話題となったのは、医学の発展によって死の瀬戸際から回復するケースが増えたからだ。

記憶の内容には共通項がある。多いのは体外離脱（幽体離脱）体験、暗いトンネルを潜る体験、まばゆい光の体験である。いずれも死にかかった脳の主観的印象だろうと言われている。死の瞬間は思いのほか長いものであるようだ。体外離脱などは通常の生きている人間でもしばしば体験する（つまり脳の知覚トリックである）。「この世のものとも思えない喜び」なども脳がもたらした主観的な印象として解釈される。死んだ人に出会ったという証言がよくあるが、興味深いのは、子供の臨死体験者は未だ生きている親戚や友人に出会ったりしていることだ。どう考えても死後の世界に行ってきたとは思われない。さらに、記憶というのは想起して語る際に形成されるものである。臨死体験の報告そのものが記憶汚染にまみれている可能性がある。

臨死体験で体験される死後のビジョンには、明らかに文化の差の反映が見られる。日本人は三途の川やお花畑を見て死んだ親類に出会ったりする。アメリカ人は強烈な光体験の中でキリストに出会ったりする。インド人はヤムラージ（閻魔様）の裁きの場面を見たりする（立花隆『臨死体験』）。

前世の記憶の話も同時期に話題となったが、これもはかばかしい成果を上げていない。前世を語る子供の話など、曖昧なものが多くて、チェックに堪えないのである。

いずれにせよ、こうした話題で盛り上がるのは欧米、とくにアメリカの文化的特徴ともなっている。ファンダメンタリストが執念の活動をしているのも、無神論者が負けじと頑張っているのも、ニューエイジやUFOや臨死体験や前世の話で盛り上がるのも、みなアメリカ（および同じ英語圏の英国）である。

日本人の文化的特徴の一つは、来世観に関して歴史的に曖昧なままであり（輪廻転生、極楽往生、黄泉、幽冥界、先祖の国などが並び立ったままである）、かつそうした話題について比較的淡泊であり続けている点にある。これはアニミズム的な汎神論が強くて、個人の死よりも生命の共同体への融合の感覚が強いためでもあるだろうし、仏教の究極の世界観が無実体を意味する「空《くう》」であることとも関係があるだろう。

臨死体験言説からの教訓としては、個人的にいかに強烈で揺ぎ無い体験であったとしても、それは死後の存在を証しするものでもなければ、神やキリストの存在証明にもならないということである。個人的体験は神の存在証明に使えない。個人的に大事であっても、公共的な知識とはならない。

それどころか、個人的な強烈な体験すらも、社会や文化によって規定されたものであるという教訓がここには含まれている。ここから類推するに、主観的には印象的な、仏道修行者の悟りや覚醒の体験なども、やっぱりローカルな文化的現象かもしれない。

コラム

懐疑的視点を保つために

奇跡などに対する懐疑的視点を保つために、覚えておいてよい事柄を以下に書き並べよう。

【因果関係を間違って推理する】人間は因果関係を推理することで体系的知識を増やし、科学を築き上げたのだが、間違った推理というのも多い。それが呪術信仰である。多いのは「Aが起きたあとでBが起きた」ということから自動的に「AがBの原因だ」と推理してしまうことである。

「死んでしまえ」と呪ったら、翌日その人が死んだ。だから呪いが効いたのだ、というのは正しい推理であろうか？

因果の後先を逆行させて推理すれば予知ということにもなる。誰かが死ぬ夢を見たら、翌日その人が死んだ。その夢は予知夢だったのだろうか？

【物事の自然な変動を無視する】因果関係の推理でよくやる間違いは、黙っていても変化するはずのものを、何かのせいで変化したと推理してしまうというものだ。

賭け事などのツキが悪いとき、個人的ジンクスのおまじないをする。するとツキが上がる。どのみちツキはまた下がるのだが、そのときにはまたそのおまじないをすればいい……（痛みの変動と信仰治療の関係については211ページで触れた）。

【物事が固まって起きると驚く】大局的に見れば物事がバラついて起きていても、部分を拡大して見れば、そこにだけ異常に集中して起きているように見えることがある。あまりに集中していれば、それは特別な原因があるだろうが、ほんのちょっとした集中や連続でも、人は何かの因縁を感じてしまうものだ。

サイコロをふったら、同じ目が続いた。そういうことはよくあることなのだが、意味がありそうに見える。

ある地域にだけある病気が多いように見える。本当に原因があってそうなっている場合もあるだろうが、地図上で地域を分けるときの操作がそう見せているだけかもしれない。

超心理の実験を連続してやるとき、超能力者に実験開始と実験終了のときを決めさせると、妙なことになる。当たりが続いたときだけ本番の実験ということにして、その前後を切り棄てればいいからだ（本番前には本調子が出ていなかったとし、本番後には疲れたことにすればいい）。

【あてが外れたら言い訳の説を考える】科学もトンデモ理論も「こうなればこうなる」という仮説をもっているが、仮説通りにいかなかったら、その仮説を棄てるか、さらに副次的な仮説を付け加えて修正することになる。新たな仮説を検証できるようならば、それは科学だ。新たな仮説が検証しようもないものであれば、それはトンデモ理論すなわち呪術だ。

たとえば実験の際に超能力がうまく働かなかった。それは周囲の無意識的敵意の発する波動のせいだ、とする。しかしこれでは、実験に成功すれば超能力者のパワーのせい、失敗すれば周囲の超能力的敵意のせいということになり、検証のしようがない。

【こじつけによる政治的宣伝】神というのはオールマイティな仮説的原因なので、宗教家は潜在的にどんなに飛躍した因果関係だって申し立てることが可能である。しかし、狂信的宗教家といえども、のべつまくなしに飛躍した因果を説いているわけではない。彼らがトンデモ系のことを言い出すのは、彼ら自身の道徳的・政治的シナリオに沿った宣伝であることが多い。

二〇〇一年のアメリカ同時多発テロのとき、キリスト教ファンダメンタリストは、それがリベラルや同性愛者やフェミニストなどのせいだとした。神が怒りの鉄槌を下したというのである。彼らは自分たちの政治的主張を宣伝するために、不幸な事件をダシに使ったのだ。

そもそも一神教の預言者たちは、旧約聖書の昔から同様の飛躍した主張を行なって民衆を叱りつけることを繰り返してきた。根は深い（129ページの「おっぱい地震」も参照のこと）。

【何にだってあてはまる曖昧な類型】星占いでも、血液型性格分類でも、ユングの性格類型（思考、感情、感覚、直観）でも、人間は人間を分類するのが好きだ。正当な科学や医学だって分類は行なっているから、分類のすべてがインチキとは言えないが、恣意性はなかなか免れない。分類箱というのは判断基準が曖昧になりがちだからだ。

興味深いことに、ある種の巧みに述べられた性格類型は、それを聞いた多くの人が「自分にぴったり」と思うのだそうだ。村上春樹のあるロシア人ファンは、登場人物が

「まるで自分のよう」に感じられると言っていた。ハルキワールドの世界的人気の秘訣はそこにあるのだろう。

【記憶はあてにならない】人間の記憶が思いのほかあてにならないことが明らかになっている。記憶学者エリザベス・ロフタスのTEDでの講演がネット上で見られるので御覧いただきたい（https://www.ted.com/talks/elizabeth_loftus_the_fiction_of_memory）。

簡単に言うと、脳は自分が実際に目撃したものと自分が想像したものとを区別できない。冤罪事件の多くが、目撃証言者の完全なる勘違いによって生じている。強姦のような強烈な体験のときであっても犯人の顔を記憶違いすることがある。カウンセラーや警官の（無意識的な）誘導尋問により記憶がつくられてしまうこともあるようだ。

記憶をめぐるこうした欠陥は、宗教の問題を考えるときにも、大きな意味をもつだろう。悪魔教の儀式の犠牲になったとか、宇宙人に誘拐されて人体実験されたという鮮明な記憶をもつ人も世の中にはいる。当人が誠実であるかどうか、内容が詳しいかどうかで証言の信憑性を判断するわけにはいかないようである。宗教の教祖に関する追想や奇跡譚についても、悪意ならざる勘違いが多く含まれていると予想される。

【満足することで思考がストップする】患者が信仰治療を「有用だ」と感じるのは、客観的な意味で治療効果があったということではなく、当人が主観的に満足しているということだ。主観的満足はさまざまな理由によって生じる。ここで懐疑主義者が「本当はどうなのだろうか?」と問いかけても「余計なお世話だ」と言われるのがオチだろう。というのは、患者が興味があるのは自分のことだけであり、医療や科学の真実や社会的正義ではないからだ。

しかし、その患者が「この治療は効く」と他の人に宣伝したらどうだろう。もしその治療が客観的には偽物であった場合、たまたま治療効果の幻想に満足することのできたその患者自身ではなく、その人が誘いをかけた他の患者が迷惑するかもしれない。場合によっては重篤な患者を死に至らしめるかもしれない。患者の主観的満足がどこまでも許されるわけではないのである。

4 《規律の神》

社会規範と教典の権威

《創造の神》が知的ゲームのようなものであるのに対し、一般信者にとって切実なのは《奇跡の神》であった。《規律の神》もまたポピュラーである。とくに保守的な信者は、神の規律をもって世の引き締めを行なうことを望んでいる。

保守的な動向はどの世界にもあるが、それが神の戒律を記した教典――聖書やコーラン――の絶対性の主張という形をとるのは一神教世界の特徴である。とくに伝統的に教典の内容を敷衍した宗教法を発達させているユダヤ教とイスラム教においては、二〇世紀後半に、そうした宗教法――ハラハ（ユダヤ法）やシャリーア（イスラム法）――の復興を唱える運動が台頭した。キリスト教世界では戒律や法のシステムはあまり発達していないが、福音派やファンダメンタリストは、二〇世紀半ば以降、聖書の文言の権威を借りながらあれこれの政策に口を挟むようになっている。

多神教世界は、イスラムほど体系的な法や戒律のシステムをもっていない。ヒンドゥー教では宗教の戒律と結びついた身分制度（カースト制度）が今日でも影響力をもっているが、積極的な教理というよりも利害絡みの惰性的な慣行である。中国、韓国、日本で伝統的に社会規範となっていたのは儒教的な身分秩序であるが、これも現代では文化的・歴史的な背景程度のものにまで微温化している。今日、四書五経を引き合いに出して世に社会政策を論じる人はほとんどいない。仏教の戒律は出家者の修行の便宜であり、一般社会の規範としては曖昧である。仏典は読誦されるとしても、それはマジカルな儀礼のためである。聖書やコーランのように規範の根拠を求めて善男善女がお経を研究するということもない。

結局、神の法や神の教典をめぐって喧《かまびす》しい議論を今も続けているのは、主として一神教世界であり、したがって、欧米の無神論者の批判の対象も、概ね聖書やコーランの伝統に限られている。

ちなみに、日本や中国など東アジアでは、宗教的規範への固執よりも、「自国の伝統」とされるものに対する固執のほうが強い。その意味で、欧米の宗教保守やファンダメンタリズムに相当するものは、こちらの世界では宗教とも俗世の政治的動向ともつかない文化的ナショナリズムなのである。アメリカのファンダメンタリストがモーセの十戒を学校で教えよと頑張っているように、日本のナショナリストは教育勅語の復活を目指したり、「江戸しぐさ」のようなフィクション伝統を道徳の教科書の中に潜り込ませる。

《規律の神》の信仰を考えるとき、政治と宗教を問わないあらゆる文化防衛的動向を視野に入れる必要があるようだ。それはちょうど《奇跡の神》の信仰を考えるとき、神々の奇跡にばかり目を向けずに、超能力信仰、代替医療、健康ブーム、自己啓発セミナーにまで視野を広げる必要があるのと同様である。

神がいないなら何をやっても許される？

共同体には道徳的規範がある。規範の起源は謎と言えば謎だ。なぜ人殺しは悪なのだろうか？　これにきちんと答えるのは案外と難しい。面倒くさい議論を避けるには「うるさい。黙っていろ。とにかくそうなんだ」と断ずるのが最も手っ取り早い。この「黙っていろ」を人格化したものが神だ、とまあ、無神論者なら言うだろう。神とは禁忌であり、権威であり、専制君主である。

もちろん一神教の信者は、ふつうこういう順序では考えない。信者の思考の順序では、まず神が存在するのであって、神は善であり、その善なる神が命じたのが共同体の奉ずるべき律法や戒律なのである。それを書き留めたのが聖書やコーランであり、それを法典化したのがユダヤ法やイスラム法なのだ。

一神教の伝統ではこのような形で思考が煮詰まっているので、神と道徳は切り離せない関係になっている。だから「無神論」と聞くと「非道徳」とすぐにも連想が進む。伝統的には無神論者は人殺しのように忌み嫌われてきたし、今でもそう考えている人が多い。

しかし、神が道徳の出発点だという思考それ自体には、固有の難点がある。ある行為の善悪——たとえば「人殺しは悪」「人助けは善」——は、神が命じたからそうであるのだろうか、そうであるから神が命じたのであろうか？ 善悪がもともとそのように定まっているのであれば、神の命令は不要である。逆に、神の命令次第で「人殺しが善」「人助けは悪」もあり得るのであれば、原理的には神は明日にもそのような命令を下す権利をもっているわけだから、行為の善悪の不変性を信じて日々を暮らすことはできないことになる。それじゃあ道徳的な善悪とは言えないだろう。

もっとも、信者は一般にそうは考えない。神はどのようなことだって命ずる権利をもっているし、どこまでも気まぐれに振る舞うのも神の権利であるが、神の本質が善であるから、悪しきことを命ずるなんてもともとあり得ないのだ……。

しかしこれでは、やはり神の存在の意味が薄くなる。善悪の問題から神の存在の必然性を論じるのは困難だ。神の役割は何なのか？　神は余計な概念ではないのか？

モーセの十戒が教えてくれなければ、人間は「人殺しは悪だ」と認識できないのだろうか？　しかし聖書なんてもたない文明においても、人殺しは悪と見なされている。

神が天国地獄を報いと定めているからこそ、人々は善に励み、悪を避けようとするのだろうか？　しかし実際のところ、天国地獄のビジョンの希薄な個人や民族が、殺し、盗み、陰謀、裏切りに長けているという証拠はない。地震や津波や暴風雨のときに、倫理性を保って粛々と行動することで有名な日本人は、無宗教で有名なのではなかったか？

では、「人殺しは悪だ」というのを単なる惰性や個人的好みの問題ではなく、絶対の問題だと保証するのが神の役割なのだろうか？　しかしこの「絶対」がむしろ問題なのである。宗教の信者が神の絶対の命令として引き合いに出す聖書やコーランは、道徳的にあやふやな記述に満ちているのだ。殺害禁止規定一つとっても曖昧だ。モーセの十戒には「汝殺すなかれ」と書かれてはいるが、聖書の他の箇所では神はイスラエルの民に向かって異民族の殲滅を命じている。

一般に、無神論者が道徳問題をめぐって神に否定的であるのは、観念上の絶対神の高徳性にケチをつけたいからではない。むしろ、信者が通例依拠している教典の道徳性が信者自身にとってもどうかと思われるほど混乱していることを問題としているのだ。哲学者エリザベス・アンダーソンは、聖書の中から神が我々には悪としか思われないことを自ら行なったり、行なうよう民に強制している例をたくさん拾い上げ、聖書が道徳の標準となり得ないことを論じている（247ページのコラム参照）。

一神教徒は教典を無謬の道徳的規範として祭り上げてしまったので、こうした矛盾に絶えず悩まされることになった。『古事記』の描くスサノオは高天原で乱暴狼藉を働いているし、ヤマトタケルは少年時代に兄を惨殺している。神話とはそもそもそういうものなのである。グリム童話などが案外残酷な内容であるのと同じことだ。深層心理学的にお伽噺や神話から学ぶことはできそうだが、道徳の規範をそこから引き出すとなると、なかなかたいへんだろう。

神と道徳の関係といえば、いつも引き合いに出されるのが『カラマーゾフの兄弟』の中でイワン・カラマーゾフが言った「神がいないなら何をやっても許される」という言葉だ。この言葉が面白いのは、両義的に読めることである。つまりここから、「だから神の信仰は大切だ」という教会人を喜ばせる結論を引き出すことも、「神は無いのだから盗みも人殺しも自由だ」と悪党やスメルジャコフを喜ばせる結論を引き出すことも可能なのだ。

しかし、実はもっと肝心な点がある。イワンの頭の中にある神は、良心のお目付け役とでもいうような、抽象的な存在である。しかし、実際に世の中に影響を与えてきたのは、お伽噺的な内容を含む教典の具体的な文言なのである。「神は有るのか無いのか」「神と道徳の関係はどうか」という抽象的な点が問題なのではなく、教典の具体的内容が奇妙奇天烈であることが問題なのである。そういう意味で、イワンの有名な言葉は、宗教の道徳性の問題を考えるにあたってミスリーディングな働きをしてきた。

信者の恣意的な教典読解

アンダーソンの議論を敷衍しよう（クリストファー・ヒチンズ編 *The Portable Atheist* 所収「神が死んだらあらゆることが許されるというのは本当か？」）。

信者は実際、教典の記述を取捨選択して読んでいる。教典が隣人愛や助け合いなど、善いことを説いているときは「なるほどもっともだ」と思って読む。しかし教典が民族殲滅などを命じているとき「これは古代の文書であり、太古のオリエントにおける民族感情の反映なのだ」と思って読む。神が皮膚病の者を共同体から追放するよう命じるとき、安息日に働いた者を殺すように命じるとき、父が娘を奴隷に売ってもよいとするとき、信者はその箇所をするっと読み飛ばす。

つまり、どんな信者も教典を文字通りに読んで言葉通りに行動したりなどしていないのである。事実上、信者たちは教典とは別のところに善悪の規準をもっており、その基準に従って教典の文言を取捨選択して読んでいるのである。

それだけではない。実際にはこうした教典信仰は、悪徳を助長してもいる。たとえば聖書には同性愛への禁忌が書かれているが、聖書には異教徒の殺戮とか、娘を人に強姦させることとか、皮膚病患者の「穢れ」とか、現代人にはどうかと思われる記事がたくさんある。その中でも信者たちが同性愛禁忌にこだわるのは、自分たちの潜在的な偏見がそうさせているからに他ならない。だから、同性愛とは実際にどのようなものであるのか、心理的、社会的、医学的に検討した情報に目を通して、自分の偏見を是正する必要があるのだが、信者の多くはそうした努力を最初からしようともしない。かえって自分の怠慢を教典の権威によって正当化するばかりである。教典信仰は思考停止と自己への甘やかしの重要な源泉となっている。

道徳にとって重要なのは、神の権威によって思考停止することではなく、さまざまな事情を抱えている、あるいはあなたの知らない事実を知っているさまざまな相手の意見に耳を傾けることだ。そして相手に対して「これは正しいのではないか」「これは間違っているのではないか」と意見を求め、道徳的判断をじりじりと是正していく以外によい方法があるわけではない。

ということは、抽象的に言うならば、権威は神の中にあるのではなく、人間どうしの中にあるということになる。

こうした相互検証のプロセスを拒否する人だって、そうした不満を周囲の人に説得するには、やはり相互検証のプロセスを受け入れるしかないのだ。ここには神の出てくる幕はない。すべては人間どうしの説得のコミュニケーションの問題だ。

エリザベス・アンダーソンは道徳の権威は神ではなく「相互的アカウンタビリティ」に求められるべきだとしている。

パスカルの賭け

神信仰を正当化するロジックにはいろいろなものがあるが、一七世紀の哲学者ブレーズ・パスカルが確率論的に説いたものは、ヘリクツとしてなかなかなものである。

パスカルは言う。

あなたは「神は存在する」に賭けるとする。それが正しければ、あなたは天国に行ける。間違っていたとしても、失うものはない。

逆に「神は存在しない」に賭けるとする。それが正しくても、得するものは何もない。しかしそれが間違っていたとすれば、永遠の幸福を失う。下手すると地獄行きだ。となると、「神は存在する」に賭けておいたほうが利口というものだろう。証明終わり！

これはつまり神の存在をめぐる賞金額の計算である。選択は二つしかない。結果は「天国」「地獄」という非常に極端なものだ。

善悪の究極の根拠が神にあるとされるように、悪への究極の歯止めが地獄の脅しにあると伝統的に信じられてきた。現在でこそ教会が信者を地獄で脅すことは少なくなったが、一九世紀まではふつうのことであった。「悪い子は地獄に堕ちる」と歌わせる児童用の讃美歌もあった。日本のお寺でも、昔は六道輪廻とくに地獄の絵図などを掲げて、子供への訓戒としていた。

地獄のことなど心の問題だと割り切っていた一八世紀の白隠禅師も、子供時代には地獄が怖くて怖くてしょうがなかったと言う。白隠には鬼の鉄棒《かなぼう》を描いた禅画があるが、そこには「このわろを怖がる奴は極楽え」と書いてある。地獄への恐れがあるからこそ、まっとうな修行も進み、極楽ないし悟りへと導かれるというのである。

確かに子供の万引き防止などのためには、地獄で脅すのは直接の効果をもつかもしれない。しかし映画を見ていても、マフィアのギャングどもはなかなか信心深かったりもするようで、地獄の教えがギャングの殺し合いや麻薬の売買の防止になっているようには見受けられない。

地獄というのが案外表層的な機能しかもたないのではないかと思わせるのは、パスカルの確率計算の場合も同様である。というのは、もしパスカルの言う通りだとすると、神は計算ずくで功利的なちゃっかり者を高く評価するということになるからである。それは高徳とされる神のイメージに合致しない。だからパスカルの議論は有名なわりには、この教訓から学んで神を信じるようになったという話はとんと聞かれないのである。パスカルの賭けはむしろジョークに類する話だと、多くの者は受け取っている。

もし神が真摯な態度をこそ評価するのであれば、「神の存在の確証を得られず、懐疑主義者のままに留まった」という人間をこそ、神は天国に入れてくれるのではあるまいか。少なくとも、パスカルの計算を信じて天国行きを確保しておこうとした者よりも、救いの確率は高いだろう。

論理実証主義者のバートランド・ラッセルは、死後に神に出会ってなぜ信じなかったのかと問われたら、「証拠が十分でなかったのですよ。神様、十分な証拠がなかったからですよ」と答えると述べた（『神は妄想である』、邦訳一五八ページ）。ドーキンスは、これは――不死の来世が問題になっているだけに――インモータルの（不死の＝不滅の）答だと言いたくなると述べている。神は不正直なパスカルよりも勇気あるラッセルのほうを評価しそうだとも言っている。

さらにドーキンスは、パスカルの男を天国で迎えたのが異教神バアルだったらどうするのかと、意地悪な質問を投げかける。バアルというのは旧約聖書に出てくるヤハウェの宿敵である。預言者が口を酸っぱくしてヤハウェ信仰に帰れと説いても、民衆は土着の豊穣神であるバアルを拝むのをやめなかった。ヤハウェは嫉妬深い神とされるが、バアルもまた同じくらい嫉妬深い神だったらどうするのだろうか？

つまり、宗教は無数にあり、神の候補も無数にあるのだから、どの神に賭けたらいいかなんて分かったものじゃない。期待値計算の最も妥当な答えは「何にも賭けない」ということになるのである。

パスカルの議論にはもう一つ欠陥がある。彼は、神の存在を信じて神が存在しなかったとしても、何も損することはないと言う。しかし、神の存在を信じて聖戦に乗り出したり、異教徒を迫害したりする者が大勢いることを考えると、神の存在の信仰はたくさんの実害をもたらしている。「何も損することはない」は事実とは言えないのである。

人生に意味と目的を与える神？

「神は規範をもたらす」という信仰のすぐ隣に「神は人生に意味と目的を与えてくれる」という信仰がある。規範や戒律の多くは「〜すべからず」という禁止だが、人生の意味や目的となるともっと前向きだ。とはいえ、両者はコインの両面である。十字軍兵士はイスラム教徒の殺害に人生の意味を見出したが、それは異教信仰の禁止とセットになった信仰である。

一般に、宗教は人生に意味と目的を与えると言われる。人生に絶望を感じた人間が、牧師さんやお坊さんの言葉に救われて立ち直るということは、本当にあるだろう。しかしここで気をつけなければならないことがある。

第一に、宗教ばかりが人を救うわけではない。世俗の体験によっても多くの人が救われている。救済に尽力している人には、牧師や僧侶のみならず、無宗教の世俗のカウンセラーや福祉活動家が大勢含まれている。伝統的な意味での宗教は必須の要件ではない。

第二に、宗教は人を救いもするが、同時に人に間違った信念を植え付けるなどして害悪ももたらしている。格差社会を糾弾する牧師さんが、ついでに進化論はフェイクだというフェイクニュースを信徒に植え付ける。改心して新たな人生に目覚めた信者さんにとっての人生の「意味と目的」が反進化論の推進に励み、地球温暖化はウソだと叫ぶことだったとしたら、「意味と目的」を与えてくれるがゆえに宗教に存在意義があるという論法は取れなくなるだろう。カルトや宗教テロリストの場合は、ましてそうだ。明らかに誤謬であるような「意味と目的」をもたらす神もまた誤謬の神ではないだろうか？

いずれにせよ、個別的にはどうであれ、一般論としては、道徳的規範を宗教から切り離して考えるのが妥当だと考えられるのと同様に、人生の指針もまた宗教の有無とは別次元の問題だと考えられるだろう。

宗教概念の曖昧さ

人生の意味の問題と宗教の問題が結びつけて考えられているのは、一面では「宗教」という概念の曖昧さ、伸縮自在性による。

伝統的な一神教の信者が「宗教」と言うときは、ユダヤ教、キリスト教、イスラム教などを指している。そしてそれらのドグマの体系や教典の内容が、人々の人生に意味と目的を与えると言うのである。

これに対して、教会などの宗教組織の権威が衰えている今日、「宗教」という言葉はもっと広い意味で使われるようになった。もし誰かが人生の意味と目的をインスピレーションのような形で得たとすれば、そうした現象を「宗教」と呼んでしまうのである。たとえば、美しい自然を見たりすばらしい芸術に触れたりして大いなる啓示を受けたというとき、それを宗教的な覚醒や回心の体験と見なすことはよく行なわれている。つまり、「宗教は人生に意味と目的をもたらす」のではなく、「人生に意味と目的がもたらされたときそれを宗教と呼ぶ」という逆順の定義である。

宗教の伝統的な戒律やドグマこそが人生に意味をもたらすと信じる旧式の信者と、個人が強烈な意味体験をしたならばそれは戒律やドグマよりも深い覚醒だと信じる新式の信者とでは、宗教と呼ばれるものの具体的中身にズレがある。

無神論者にとっては、前者のような伝統的宗教の戒律やドグマこそが、何よりまず議論の対象である。後者のようなものも議論の射程に入っているが、個人の主観の問題あるいは概念の曖昧さの問題として軽く片付けやすい。

もともと多神教・アニミズムの世界では正規の宗教と民間の習俗との区別は曖昧であった。仏教もまた、「空」や「縁起」という究極の相対主義を宿しているので、世俗のあらゆる営みに修行や悟りのフェーズを見出す傾向がある。茶道や剣道などの芸事やスポーツも、宗教の修行のような体裁をもっている。

一神教の世界でも、伝統的なドグマや戒律の権威が衰えていくにつれ、宗教の意味が曖昧に広がっていく可能性があるし、現に欧米で流行しているニューエイジやスピリチュアリティにはその傾向がある。無神論の隆盛もまた、伝統的規範の破壊を通じて、曖昧化した宗教の拡大に一役買うかもしれない。

その場合、「神は道徳の根源か否か」とか「教典は道徳の基盤になるのか」といった《規律の神》をめぐる論争は、いささか焦点のぼやけたものになるだろう。

教典による神の存在証明?

《規律の神》をめぐる本節の議論の多くは、教典信仰の妥当性をめぐるものであった。一神教の最大の特徴は天地創造神の信仰にあるかもしれないが、実質的にはそれ以上に、神の啓示とされる教典の尊崇がものを言っており、また物議をかもしているのであった。これは教典信仰があまり強くない多神教や仏教の世界の住人にはなかなかピンとこない状況だ。

神の存在証明の一種として「教典に書かれているがゆえに、神は有る」という思考法がある。教典を神の存在の「証拠（エビデンス）」と呼ぶこともある。これはかなり奇妙なことのように感じられる。『ハリー・ポッター』という書物に書かれているからといってハリー・ポッターが実在している証拠になるなどと考える人はいないではないか？

一神教では教典を神との「契約書」と捉えているので、「契約書がある以上、契約主体がいるはずだ」と自然に考えてしまうのかもしれない。ともあれ、これは習慣の問題であって、論理の問題ではない。

聖書もコーランも、もちろん人間が書いたものだ。幾度も言うように、教典の内容は矛盾に満ちている。無謬な神は教典を完璧に書いた――それゆえ教典に絶対に従え――と信じられているが、そうした無謬性自体を教典のテキストは裏切っているのである。

コラム

聖書の神の道徳性を診断する

エリザベス・アンダーソンの診断

聖書は愛を説く有難い書だとお思いの方も多いと思うが、内容はもっと複雑である。

哲学者エリザベス・アンダーソンは「神が死んだらあらゆることが許されるというのは

本当か?」(L・M・アンソニー編 *Philosophers without Gods* 第一七章、ヒチンズ編 *The Portable Atheist* 所収)の中で、もしファンダメンタリストのように聖書を無謬とし、その記述を字義通りに受け取ったら混乱や道徳的破綻を招くであろう箇所を書き出している。論点を再整理して、議論の一部を紹介しよう。

【民族浄化】旧約聖書の神は異民族の虐殺を正当化している。アモリ人、カナン人、ヘト人、ペリジ人、ヒビ人、エブス人を追い散らせ、とヤハウェは命じる(出エジプト記三四章)。ホルマの町とバシャンの民(民数記二一章)、ヘシュボンの民(申命記二章)、カナン人、ヘト人、ヒビ人、ペリジ人、ギルガシ人、アモリ人、エブス人(ヨシュア記三章)など、都市民や部族を虐殺しなければならない。憐れみの目を向けてはならぬ(申命記七章)。息のある者を一人として生かすな(同二〇章)。殺戮の目的は、敵の土地(ヨシュア記一章)や女・子供・家畜・物品(申命記二〇章)の強奪と心得よ。

【同族殺戮】神は民族内部においても、場合によっては虐殺を命じる。イスラエルの民に属するベニヤミン族の一部の者が別の支族の側女を強姦して殺害したときには、ベニヤミン族全体の虐殺を命じている(士師記二〇章)。神はまた、アビヤ王を助けてイスラエル人五〇万人を殺害させ、アサ王を助けてクシュ人百万人を殺害させた(歴代誌下一三章、一四章)。

【追放や死刑】旧約聖書は今日の保守主義者の主張よりも極端な懲罰を定めている。安息日に働く者は死刑である（出エジプト記三五章）。鳥や家畜の血を食べた者、特定の皮膚病の者、生理中の妻と交わる者は追放される（レビ記七章、一三章、二〇章）。姦淫した者や同性愛行為を行なった男は死刑に処し、祭司の娘が淫らなことをしたならば焼き殺し、神の名をそしる者は会衆全体の石打ちにより殺されなければならない（同二〇章、二一章、二四章）。

【聖書が許容するもの】原理主義的に理解するならば、以下の行為が許容される。奴隷制はＯＫである（レビ記二五章、エフェソ書六章）。父は娘を奴隷に売ってもよい（出エジプト記二一章）。二日間生きている限りは奴隷を打ってもよい（同）。女性の戦争捕虜は強姦するなり妻にするなりしてよい（申命記二一章）。不服従な若者は杖で打ってよい（箴言二三章）。男性は好きなだけの数の妻とめかけをもってよい（他人の妻あるいは婚約者と寝ることだけはいけない。これらは姦淫である）（レビ記一八章、申命記二二章）。戦争捕虜は崖から落としてよい（歴代誌下二五章）。戦勝祈願するため（列王記下三章）あるいは飢饉を止めさせるために（サムエル下二一章）子供を人身御供にしてよい。

【家庭の道徳？】ファンダメンタリストは「聖書の遵守は家庭の道徳を護る」と主張す

るが、聖書の規定する家庭の道徳とは次のようなものである。身内よりもイエスを愛さなければならない。家族どうしを敵対させるのがイエスの使命である(マタイ福音書一〇章)。イエスの弟子は自分の親、兄弟姉妹、妻、子供を憎まなければならない(ルカ福音書一四章)。親をののしる子供は殺されるべきである(レビ記二〇章、マタイ福音書一五章など)。妻は神に仕えるように夫に仕えよ(エフェソ書五章)。保守派の教会でも今日では女性が積極的に説教しているが、聖書によれば、女性は男性を自分のボスと心得て、教会で発言してはいけない(第一コリント書一一章、一四章)。

【神は性格が悪い?】アンダーソンは、聖書の神の道徳的キャラクターにも問題点があると見ている。もちろん、神話的な比喩でも寓話でもなく、ファンダメンタリストの言うような無謬の道徳的源泉と捉えたときの話である。

ヤハウェはいつも人間を本人以外の他人の罪ゆえに罰している。エバの罪ゆえにあらゆる母に陣痛という罰を与え、アダムの罪ゆえに全人類に労働の罰を科す(創世記三章)。腹立ちまぎれに地上に洪水をもたらし、大量殺害と生態系破壊を行なう(同六章)。出エジプトに際しては、エジプト王の心を操作して頑なにしておきながら、その罰として(王の決定とは無関係の)エジプト国民の間に疫病をもたらし、子供たちを殺害する(出エジプト記前半)。神は自分以外の神を崇拝した者の子供も孫もその他の子孫も罰する（同二〇章）。イスラエルの民の一部が異邦人と性交渉をもったために、イスラエル人二万四千人を疫病で殺す（民数記二五章）。ユダヤ教徒になりきらないサマリア人を非難し、彼らの「子どもらは打ち砕かれ、妊婦は引き裂かれる」べしと告げる（ホセア書一三章）、などなど。

新約聖書の神も、終末においてはいろいろ無謀なことを行なう予定である。福音書や黙示録の終末の記事は陰惨なものである。キリストを受け入れないあらゆる都市を破壊する。地上に洪水をもたらす。地を焼き払う。戦争や飢饉や疫病で人類の四分の一を殺し、地獄をもたらす。神の罰は集団的なものであるし、殺戮の数を合計すると、誰しも複数回殺されなければならないようだ。不信仰であれば死に際して拷問も伴う。しかも大多数の者には死後の永遠の断罪――地獄――が待っている。

【救済論の矛盾】救済と地獄行きに関する新約聖書のロジックには一貫性がないと、アンダーソンは言う。エフェソ書によれば、救済は神が気まぐれに決めるプレゼントであり、人間側ではなすすべがない（いわゆる予定説。エフェソ書一章）。福音書によれば、家族を棄ててキリストに従った者、あるいは貧者を助けるなど正義を行なった者には救済が約束されている（マタイ一九章など）。ともあれ、神は人々の判断に干渉するものと考えられており、また、信仰もまた神与のものとされているのだから、信仰ある者が救われると言ったところで、それ自体があなた個人の主体性や責任の届かない世界の話なのだ……。

神話の正当化—破綻の運命

キリスト教徒ではない私の見るところでは、いかに権威づけられていようと、聖書は歴史的に書き足されていった神話、お伽噺の集積でしかない。ホメーロスの『イリアス』『オデュッセイア』と本質的な違いはない。

諸民族が食うか食われるかの争いを続ける古代中東の過酷な環境の中、イスラエル民族は厳しい掟を背負い込み、自分たちの教典に書き込んだ。そしてそれを絶対神の名によって正当化した。で、絶対神のやることであれば無謬であるに違いない、ということになった。

しかしこの無謬性の評判ゆえに、今度はあちこちの矛盾をいじいじと指摘されなければならなくなった。聖書が矛盾に満ちていることを学んだ者にとっては、聖書の権威は地に落ちることになる。無神論者は聖書が諸悪の根源であるかのようにまで考えている。

聖書文化に義理のない日本人のような傍観者にしてみれば、聖書を単なる歴史の遺産と割り切れば済むことなのに、と思わずにはいられないだろう。聖書という名のイスラエル古代文書全集は、大文明の最古の発祥地、古代オリエントにおける集団と個人が置かれた歴史的境遇に関する貴重な資料である。たくさんの残虐な記事やナンセンスに混じって、たくさんの智慧や洞察、さらには「霊性」のひらめきのようなものが含まれていることは確かだ。記事が残虐であるのは、人類の本性が残虐だということである。この点、聖書は正直なのだ。残虐さのただ中で、人々は神の概念を普遍的な崇高さや正義の域にまで高めようと試行錯誤してきた。

そんな貴重な努力の証言なのだから、今日の我々にとっても洞察を生まないはずはない。――そんなふうに思って、聖書の記述をそこそこ尊重していればそれでいいのである。無神論者が聖書と同様に批判の対象としているコーランについても、歴史の文脈の中で相対化しつつ擁護することは可能だ。

だが、一神教徒は「そこそこ」では満足できないほどに増長している。だからこそ無神論者が徹底的な批判を加えなければならない……。

食うか食われるかの闘争は今日でも続いているのだ。

5　究極のロジック

二種の開き直り戦術

以上、《創造の神》、《奇跡の神》、《規律の神》の三つの相に分けて、神の存在証明を含む信仰擁護論と、それに対する無神論者からの反論を眺めてきた。

一神教世界では宗教の議論というと、唯一絶対の神は有るのか無いのかというところに話が向かう。だから、神の存在論的証明、宇宙論的証明、設計からの証明といった、《創造の神》をめぐる議論が前面に出る。しかし、信者の本音から言うと、そういう神学的な話は実はどうでもよい。彼らが求めているのは、要するに《奇跡の神》――つまり願望の充足――と《規律の神》――つまり生活を律する権威――である。

アニミズム・多神教・悟りの宗教を特徴とする日本の宗教文化においては、《創造の神》はもとより問題外であり、人々が宗教に期待しているのは、病気治し、開運、精神修養、お説教である。だいぶ人間くさい話だ。神は有るのか無いのかといういささかへリクツめいた議論が希薄なぶんだけ、正直と言えるかもしれない。

日本であれ、一神教世界であれ、人々が欲しいのはパワーとオーソリティーだ。医者が見放した病気を「治して」くれるパワー。生活や社会にカツを入れるオーソリティー。神仏とはそうした力や権威の別名である。

しかし、無神論者は、神の概念のみならず、奇跡のパワーも戒律のオーソリティーも否定してきた。信者としては最後の防戦に臨むしかない。それは一種の開き直り戦術である。それには二つのタイプがある。

開き直り戦術の第一は、信仰がすでに大きな力をもっているという既成事実に物を言わせるものである。「宗教は歴史的に大きな役割を果たしてきた」「今でも世界中の人々が信じている」「あれこれの著名人とくに科学者が信じている」「宗教の信者は命をかけるほど真剣である（無神論に命をかける人はいないだろう？）」などなど。

開き直り戦術の第二は、信仰を理詰めで解こうと思っても無駄だと言って、議論を打ち切るものである。「神が存在するという証拠はないとしても、存在しないという証拠もないではないか？」「神を理解しようということ自体が無駄だ。だからこそ信仰が必要なのだ」などなど。

いずれも、議論としては弱いのだが、信者の心情にはぴったり寄り添うものである。本節ではこれらの開き直り戦術についてまとめて検討することにしよう。

歴史的な役割に訴える議論

信者は言う。「宗教は歴史的に大きな役割を果たしてきた」

――これは事実だ。どんな社会にも神や霊の信仰があり、そうした伝統に従って社会が運営されてきた。重要な建築といえば、宮殿や城塞でなければ神殿や寺院であった。神官や僧侶は知識人でもあった。教典信仰を通じて文字文化が伝播した。ディオニュソス神への奉納演劇からギリシャ悲劇が生まれ、神楽から能や歌舞伎などが生まれた。

人々が奇跡や規律の権威を求めるという状況はこれからも変わりそうもない。人生の意味とか、死後の行く先とか、世の中は分からないことばかりなので、それらを求める求道としての宗教はこれからも続くだろうし、それらに答えが見つかったとする教祖の出現もやむことはないだろう。

だから宗教は不滅の文化であるのかもしれないが、そうだとしても、伝統的な宗教のあれこれの教理が近代以降神通力を失ったというのも確かである。科学が発展し、知識は書き換えられてしまった。国家やその法体系、そして企業が発展することで、宗教の出る幕はほとんどなくなりつつある。ただ、国家や資本主義の諸制度がうまく機能していない領域に関してだけ、宗教組織の活動が目立っているのだ。

漠然と広い意味での宗教、あるいは文化としての宗教は常に健在だろうが、伝統的に重んじられてきたあれこれのドグマや戒律が機能しにくくなってきていることは確かだ。そして無神論者は、そういう意味での宗教の機能不全を指摘することをやめないだろう。

信者の多さに訴える議論

信者は言う。「今でも世界中の人々が信じている」

――当然のことながら、信じているから真実だということにはならない。昔の人はさまざまな呪術を信じてきた。だからといって、雨乞いや星占いが真実だということにはならないだろう。

とはいえ、大勢が信じている以上、何らかの効用があることは確かだとも思われる。錬金術のような偽りの科学だって、ユングに言わせれば、やっている当人の魂の神話の投影として何がしかの心理的機能は果たしてきたのである。人間の心理は今も昔も本質的に変わらない。心の中は今でも神話のようなものである。だから宗教や神話の機能や効用は認められるかもしれない。

しかし、あなたや私の心の中が神話的にできていたとしても、それを現代の社会の運営原理とするわけにはいかないだろう。神話的な心理が社会の前面に出てきたとき、ポピュリズムとか、ファシズムとか、ろくでもないものが社会を仕切るようになるのである。

信者が信仰の広がりをもって信仰の妥当性の証しとする論理には、別種の欠陥もある。というのは、世界には種々雑多な宗教があり、相互に矛盾し合っているからだ。神Aの教えが正しいのなら、神Bの教えは間違っている、といった式に。多神教徒はあまりそのことで悩まないが、一神教徒の場合は、キリストが正しいのかアッラーが正しいのかでしばしばバトルとなる。

さらにこういうこともある。キリスト教やイスラム教の世界的に広がっていることの裏には、政治性や暴力性もある。ヨーロッパは世界中を征服し、植民地化した。その結果としてキリスト教や聖書が普及したのだ。イスラム国家ではキリスト教徒の改宗は迫らなかったとされるが、しかし税制で圧力をかけた。一神教以外の異教徒に対してはもっと厳しい態度で臨んだ。

「聖書は世界中で読まれているベストセラーです」という言葉がよく聞かれるが、ここにも政治性があることに留意すべきである。政策的な布教活動もあったし、金に物を言わせた大量の聖書配布もあった。聖書が何百もの言語に翻訳されているのは、半ば人類学者を兼ねた宣教師の努力の結果だが、彼らの仕事の質のほどは定かではない。筆者は試しにバチェラー訳のアイヌ語聖書の「主の祈り」の文章を五冊のアイヌ語辞書でチェックしてみたが、これが当時のアイヌの人々にすんなり読めたというのは疑問だ（たとえば「負い目を赦す」はバチェラーが伝道した幌別の方言以外では「借財を癒す」としか読めない表現になっているが、これで意味が通じただろうか？　服部四郎編『アイヌ語方言辞典』でのカード調査でも、インフォーマントは「赦す」に当たるアイヌ語を答えられないでいる）。アイヌ語学者の知里真志保によれば、バチェラーは聖書普及のため無数の幽霊語を発明して自らの辞書を埋め尽くした。バチェラー氏は聖公会の優れた福祉活動家であったが、言語学者としてどうだったかははっきりしない。

著名人や科学者の名に訴える議論

信者は言う。「あれこれの著名人とくに科学者が信じている」

――著名人が信じているということは、とくに新宗教にとっては大きな宣伝材料となる。とんでもないカルトではなさそうだということになるからだ。昭和の新宗教団体のリーダーがしばしば世界的著名人との対話を自分たちの会報や新聞に載せたがるのも、心情としては理解できる（著名人のほうは、辺境の東洋の国の何らかの文化的リーダーに対して社交辞令的に応じただけかもしれないが）。

聖書の天地創造説を信奉するファンダメンタリストにとって心強いのは、彼らの知的設計者説に賛同する科学者が存在することである。2節で触れたマイケル・ベーエなどがそうだ。もちろん、世界中には何百万という数の科学者がいるのだから、さまざまな見解の持ち主がいるだろう。

一般的に、科学的業績をあげた人は頭脳明晰なのだからトンデモ説を説いたりしないだろうと思われている。しかし、科学というのは、本来、集団的な営みである。科学の信憑性は集団レベルのものであって、個人レベルではない。科学者一人一人については、五〇％は正しく推理していても五〇％は勘違いしているということが常にあり得る（それが人間の限界だ）。だから一つの論文は世界中の同業者からの批判を経て、必要であれば修正が施されて、その妥当性が確立されるのだ。地球温暖化説も、世界中の科学者ネットワークの厳しい論理的批判の中で定説となっていったものである。

だから、一人一人の科学者の言うことは、それだけでは真理ではない。一個一個の論文の内容は必ずしも正しくない。不確実な実験、不十分な推論、個人的思い込みなどがすべて投影されている。まして、自分の専門分野以外の問題に関しては、シロウトと何の違いもない。科学者を持ち出すならば、論争の文脈など、広い領域に目を留めなければならないのである。

次の点にも注意が必要だ。あらゆる人間と同じく、科学者もまた、比喩などを用いて文学的に語ることがある。宇宙物理学者がビッグバン説や量子力学を論じながら、「神」という言葉を持ち出すこともある。慌て者の信者はしばしばその意味を曲解して、先端科学の専門家でさえ神を信じているのだと言い出す。しかし「神」という言葉は多義的で曖昧なのである。アインシュタインが「神はサイコロを振らない」と言ったことがしばしば引き合いに出されるが、これだけでは単なるレトリックだ。それは我々が日常的に使う「神のみぞ知る」がレトリックであるのと同じなのである。

信者の真剣さに訴える議論

信者は言う。「宗教の信者は命をかけるほど真剣である。無神論に命をかける人はいないだろう?」

――命をかけるほど真剣な信者がいることは確かだが、命のかけ方もいろいろだ。災害や戦争の現場で、困窮する人々のために自己犠牲を払う人もいるだろう(これはもちろん称讃されるべき行為だ)。遠藤周作の『沈黙』に出てくるキリシタンたちのように、ひたすら信仰を守るだけのために命を落とす人もいる(これについては信仰が自己目的化しているので共感できないという人も多い)。神の名によって自爆テロを行なう者もいる(これを善しとするのは狂信者だけである)。テロを行なうほど真剣だということが、その信仰の内容について何か積極的なことを物語るものだろうか?

しかも、善い意味での自己犠牲行為の場合も、あまり宗教の宣伝を信用するわけにはいかない。神信仰とは無関係に自己犠牲を払う人もいるし、職業意識がある場合には日常的には見られない献身を行なうものだとも言われている。災害時の心理についてはあまり文学的に考えないほうがいい。宗教的美談はしばしば噂の中でつくられるものであるし、教団が積極的に政治的操作を加えることもある。

無神論者は真剣じゃないという議論

信者は言う。「無神論者だって自分が真に困窮したり、たいへんなトラブルに見舞われたときには、神に目覚めるに違いない」。

――ここで「無神論者」の意味をはっきりさせておく必要があるようだ。

単に宗教に興味がない、宗教のことなんて考えたこともないという「無神論者」もいるかもしれない。もしその人が、さらに、人生についてとても甘い考えをもっていたとすると、いざ人生について思い悩んだり、困窮したとき、人並み以上に人生について深く考えている宗教家の話にハッとするということが起こり得る。さらには、あまり論理的な人でない場合、あるいはよっぽど切羽つまった場合、他愛もなくカルトの甘い説法や脅迫にハマるということもあり得る。

しかし、無神論に関する著作をものする人々の間では、「無神論者」という言葉はもっと自覚的で体系的な探究者のことを指している。そういう人の中には、そもそも信者であったが、いろいろ疑念が湧いて無神論者に転じた人もいる。ドーキンスやヒチンズなど、著名な無神論者たちは、みな、宗教についてはなまじな信者より詳しい。宗教の現場を見ている人もおり、象牙の塔の神学者よりも視野が広そうだ。そういう知的探究者の場合、偶発的な個人的体験により、ある日突然神に目覚めるなどということは、むしろあり得そうにない。

無神論者だってそれほど甘ちゃんじゃないよ、ということだ。

ここで、さまざまある無神論者の中の最強の者と、さまざまある宗教信者の中の最強の者とでは、結局のところどっちが「甘い」のか、というふうに問いを立ててみるといいかもしれない。思考実験である。

信者は、「自分のほうが無神論者よりも人生を深く知っている」と思う。つまり、「最強の無神論者とて、最強の信者よりは人生経験が浅いに決まっている。真の苦境に陥ったとき、定めし無神論を棄てることであろう」というのである。

逆に、無神論者は、「自分のほうが信者よりも論理的だ」と思う。つまり「同じ苦境に陥った場合、最強の無神論者が感情に負けずに論理的に考えていられるのに対して、それに耐えられなくなった者が信者となるのだ。なかなかに論理的な信者とて、完全に論理的ではないのだ」というのである。

こうしてみると、どっちにも予断があるように思われる。

ここで無神論者は、個人的な力量が問題なのではない、と言うかもしれない。つまりこうだ。何かひどい境遇にあって、無神論者が自分の感情に負けて神に屈服するということはあり得るだろう。あるいは死の床にあって、脳機能の崩壊によって神の幻覚を見るかもしれない。人間とは不完全なものだから、どんな体験だって起こり得る。しかるに、無神論というのは、「神を感じた」「奇跡を体験した」といった個人的体験には普遍的妥当性がないということをこそ論じる議論なのである。

「無神論者だって自分が真に困窮したり、たいへんなトラブルに見舞われたときには、神に目覚めるに違いない」という議論は、無神論者個人に対しては真かもしれないが、無神論という議論とは関係のない話である――。

無神論者がそういうふうに考えるのは、たとえば、神の存在の存在論的証明、宇宙論的証明、設計からの証明などの無効性には、哲学的に十分な論証の歴史があるからだ。無神論は個人的な持ち物ではないのだ。科学と同じ、共有の知的財産だ。

一般に、信仰や神学が長い歴史を誇っているのは、神の存在を証明する神学が有効に働いていたからではなく、教会の権威が現に続いているという政治的事実、大勢の信者が現に存在しているという社会的事実による。だからこそ、千年も続いた宗教が社会の変化によってまるごと衰退してしまうということがある。

ともあれ、信者と無神論者の水掛け論は続きそうだ。一方は結局、神のパーソナルな体験の歴史的連続性（たとえ偶発的なものであっても）を重んじているのに対し、他方は論理性を重んじている。世界観にズレがあるのである。啓示の神と哲学の神とのズレ、とも言えるかもしれない。

ちなみに、生物学から神を放逐したチャールズ・ダーウィンには、死の床で神信仰に目覚めたという噂があるそうだ。ただし創作である。それによれば、ダーウィンはベッドで福音書を読みながら「進化論は間違っていた」と告白して神に立ち返ったのだとか。……ダーウィン説の論理性に鑑みて、こういうのは、いかにも嘘くさいのだが、素朴な善男善女はこういう話に飛びつきがちなのである。

なお、無神論者が急に有神論者になることはあまりあり得そうにないものの、彼らが啓蒙活動を通じてさまざまな人々と交わることによって、宗教の世界と宗教抜きの世界とをあまり峻厳に切り分けなくなるということはあり得ると思う。実際、宗教だか宗教じゃないんだか分からないような曖昧な領域の住人は多いのである。ただしこれは、人間を分けないということであって、思想の真偽を分けないということではない。

無知からの論証

信者は言う。「神が存在するという証拠はないとしても、存在しないという証拠もないではないか？」

――この論法については3節の《奇跡の神》のところでも取り上げた。「～がないという証拠はない」というのは、超常現象や陰謀論などトンデモ系の主張をする人々がしばしば使う論法だ。しかし、「～がないという証拠がない」ものはあらゆるフィクションや妄想の中に無数にある。バートランド・ラッセルは「宇宙空間を漂っているティーカップが無いという証拠はない」と言った。「空飛ぶスパゲッティ・モンスター」が存在していないと論証できる人もいない。キリスト教徒は古代のバアル神だのゼウス神だのは存在しないと考えているが、それら数多《あまた》の神々が「存在しないという証拠はない」（基本的に宗教家は自分の宗教の神様以外の神々については無神論者なのである。１０６ページ参照）。

そうやって考えていけば、この論法の神通力はあまりないことが見てとれる。信者にとってこの論法を持ち出す一番のメリットは、ある事物について「ある」「ない」の確率が半々だという印象を人々に与えることができる点だ。もっともこれは印象操作の手口であるにすぎない。

不合理ゆえに我信ず

信者はまた言う。「神を理解しようということ自体が無駄だ。だからこそ信仰が必要なのだ」

――知的な理解や論証の道が断たれたとき、残る道は「信じる」しかない、ということは確かにある。子供の行動に手を焼いた親御さんだって「あいつのやっていることは理解不能だ。もう信じてやるしかない」と言うではないか。それに親子の愛情や親友どうしの友情は一般的に、何もかもを理解した上でのものではないだろう。愛だの友情だのには必ず不合理なところがある。理詰めで詮索せずに、まずは信頼ありき、なのである。そういう意味では、理解と信仰とを切り離すことは意味があるだろう。

ただしそれはパーソナルな信頼のようなものについての話であって、あれこれの信仰箇条の当否をめぐる信念を正当化するものではない。たとえば、昔は神の名によって民族差別が正当化されていた。ここで、民族差別の不当性を訴えたとき、「これは神の決めたことだ。神を理解しようとしても無駄だ。だから信仰が必要なのだ」と誰かが言ったとすれば、その論法をあなたは認めることができるだろうか？

理解と信仰に関しては、信者はしばしば好都合な使い分けをやる。たとえば戸別訪問して布教活動をしている人が、最初は「神のことはすなおに考えれば誰にも分かります。聖書は誰にも開かれています」と言っていたのに、少し突っ込みを入れると「さあ、私には分かりません。神様のお考えは深すぎて……」と言い出すということがある。神様は都合にあわせて理解可能になったり理解不能になったりするものらしい。これでは誰も説得できないだろう。

「信仰の信仰」——神学から政治へ

宗教家たちの願いは、何としてもこの世界の中に、神あるいは超越的な真理の領域を確保しておくことである。それは「聖域」、一種の駆け込み寺である。

それによると、宗教は不合理であってかまわない。むしろ不合理な空間を権利として確保しておくほうが、社会の健全性の保証として有益なのだ。なぜなら、国家や企業社会を含めた俗世というのは、ときに発狂したように間違った方向に進むことがあるからだ。宗教という名の聖域は、究極の安全保障、究極のスペアとして、たとえ不合理と思われようとも、いや、今は不合理に思えるからこそ、確保しておくべきなのだ……。

こういうのはもはや、政治的な判断である。神の真理を正当化する論理としては破れかぶれに近いが、社会政策的には十分意味があるかもしれない。
これは神を信仰しているとか、あれこれの教理を信仰しているというよりも、信仰を信仰しているのである。

信仰の信仰というのは、思いのほか広い現象かもしれない。知的な人々が無神論に与せず宗教の擁護に回るのは、神の存在を信じてのことではなく、社会における信仰という空間の必要性を信じてのことであるかもしれない。ダニエル・デネットも『解明される宗教』の中で「ビリーフ・イン・ビリーフ」という現象があることを強調している。

実のところ、宗教の信者が「私は神を信じます」と言うのも、かなりの程度、「信仰を信じます」ということなのだ。日常的に神の臨在を感じているわけではない。しかし、やがては自分の信仰が甦るかもしれない。そのときの場を確保しておくほうがいい。そしてそのような形の神の復活を信用できるという程度には、自分は神の信者なのだ。『ハリー・ポッター』の作者、J・K・ローリングは「私の信仰は、ときには『私の信仰は甦るだろう』というものです」と言っている。

さらに言えば、信仰の世界では、信仰を失うことすら神の試練として信仰の中に数えようとする伝統がある。ヒチンズはマザー・テレサが神の声も聞かないし、神の臨在も感じないと幾度も告白し、そのたびに上位者から、それはすばらしい、あなたはキリストの十字架の苦しみに与っているのです、とアドバイスされたことに注目している。マザー・テレサはほとんど「無神論」的であるのに対し、信仰の欠如の中で信仰を続けることをこそ信仰だと司祭たちは主張しているのである（スティーヴン・フライ編 *Dawkins Dennett Harris Hitchens: The Four Horsemen*）。

神は理解不能でも不合理でもいい。信仰なんか無くてもいい。それでも神の信仰の場所を確保しておきたい。いや、不合理だからこそ、合理性を基本とするこの世の中に対するオルタナティブ空間として残しておきたい——。

これは決して無神論者を納得させる論理ではないが、話の土俵がもはや「政治」的判断の領域に移っている以上、どうにも手が出せないだろう。信仰の信仰は、無神論者から見れば信仰ではない信仰であり、変態的な思考だ。しかし信仰の信仰こそが信仰の秘訣であるというのが信仰者の論理なのである……。

古代の神学者、テルトゥリアヌスの言葉として「不条理なるがゆえに我信ず」がしばしば引用されるが、少なくともレトリックとしてはなかなか含蓄深い表現だとは言えそうだ。

第5章
西洋人の無神論、日本人の無宗教

展望A――一神教と無神論

これまでの話をまとめよう。左ページの図Aを御覧いただきたい。

図Aの中核にあるのは、三角形をなす三つの黒い小円である。小円はそれぞれ、一神教の神の三つの性格、《創造の神》《奇跡の神》《規律の神》を表している。第4章ではこの三つを分類枠として、有神論と無神論の主張を眺めた。

このうち《創造の神》の概念は他の二つよりも遅れて成立したものであるにもかかわらず（第3章）、一神教のキモとして最重要の扱いを受けている。神学者はさまざまな努力を通じて《創造の神》を擁護してきたが、いずれの議論も説得的ではなかった（第4章2節）。無神論者の作戦は、まず《創造の神》を掘り崩し、神の概念にひびを入れたところで、民衆に人気のある《奇跡の神》《規律の神》のキャラクターをやっつけて、宗教のすべての相を無効にすることであった。

《奇跡の神》《規律の神》の信仰は、日常生活の中のさまざまな不合理な信念に切れ目なくつながっている。そうした不合理な信念を、図Aでは「マジカルな信念」「防衛的な信念」の二つのグレーの円で表している。

「マジカルな信念」には、あらゆるタイプの奇跡信仰、超常現象の信仰、非合理的な健康

図A

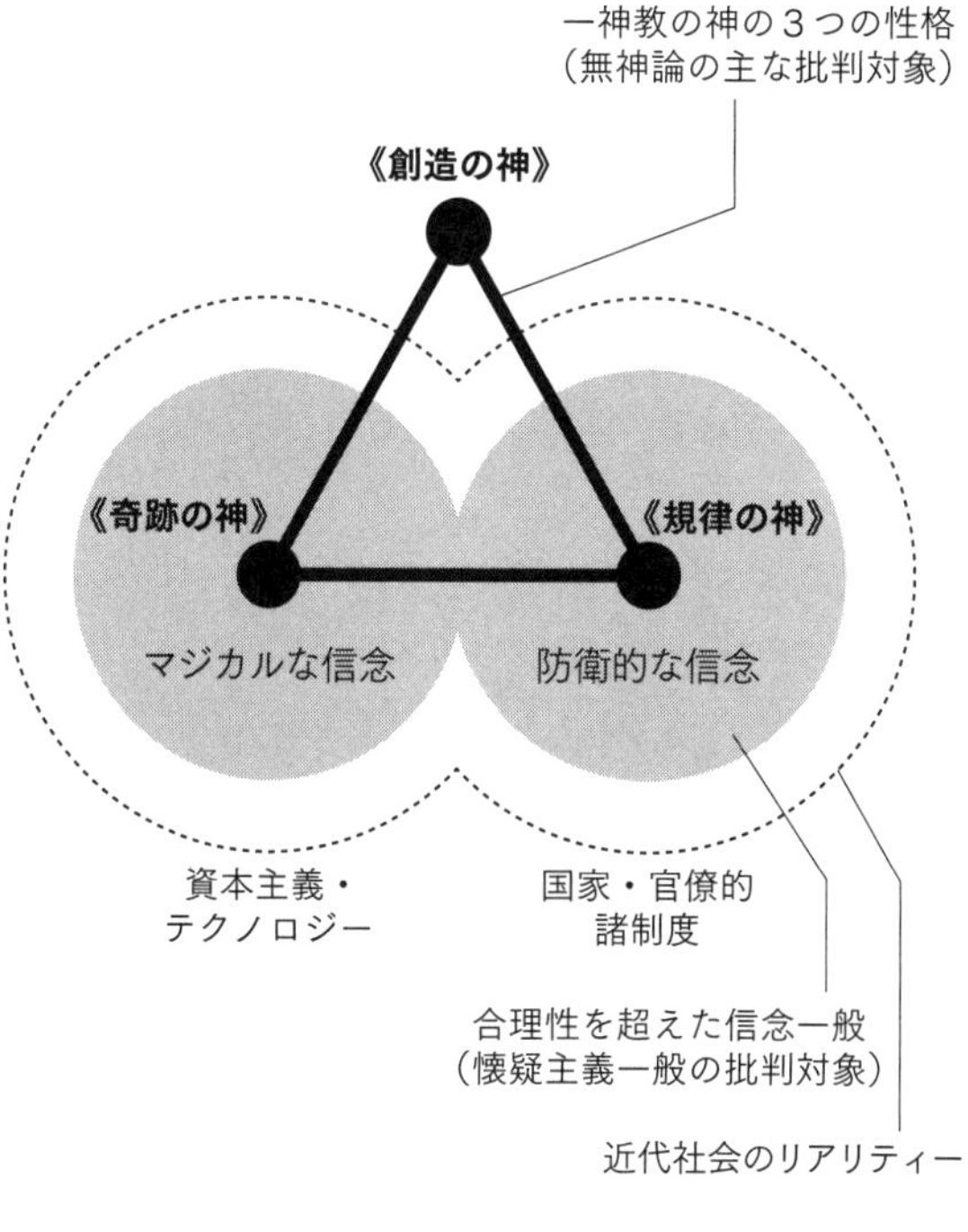
一神教の神の３つの性格
（無神論の主な批判対象）
《創造の神》
《奇跡の神》
《規律の神》
マジカルな信念
防衛的な信念
資本主義・
テクノロジー
国家・官僚的
諸制度
合理性を超えた信念一般
（懐疑主義一般の批判対象）
近代社会のリアリティー

商品の購買、行きすぎた自己啓発などが含まれる。「防衛的な信念」には、種々の保守的イデオロギーが含まれる。文化的・政治的ナショナリズム、さらにはフェイクの伝統や歴史観、排外主義、人種主義などである。

いずれも必ずしも神の信仰と関係をもっていないが、無神論者の啓蒙活動は、間接的にこれらにも及んでいる。たとえば無神論者のツイッターでは、反ワクチン運動やネオナチへの批判などもトピックとなっている。

さらに図Aでは、グレーの円を取り巻く点線の円で「資本主義・テクノロジー」「国家・官僚的諸制度」という近代社会の二種のリアリティーを示している。企業経済とテクノロジーがもたらす商品は呪物《フェティッシュ》として「マジカルな信念」を焚きつけ、また競争社会は癒しブームや自己啓発ブームを促進している。国家の法制度や政策、企業の仕組みは生活の基盤であるから、人々はフェイクの神話に訴えてでも、制度の防衛に走ろうとする。

要するに図Aが示しているのは、無神論者が直接のテーマとする《創造の神》《奇跡の神》《規律の神》というカミサマのトピックは、より漠然とした呪術や神話とつながっており、究極的にはあらゆる世俗的な制度、そして経済や政治の仕組みと無関係ではないということだ。あらゆる問題は切れ目なくつながっており、それが近代社会のリアリティーを構成している。

だから無神論については、次の二つのことが言えるだろう。
①無神論者の批判や懐疑の射程は非常に広い。科学的啓蒙主義一般と同じだけの広がりをもっている。
②無神論者が目のカタキにしている「神」（とくに一神教の神）のトピックは、実は部分的なものでしかない。理論家にとっては神の論題は興味深いかもしれないが、社会のリアリティーから見れば、表層的なものでしかない。

展望B——多神教の日本の場合

一神教を宗教の基調としていない日本の場合、図Aをそのまま用いるわけにはいかない。一般に人々の意識の中に《創造の神》は存在しない。そのため、この神の攻撃を標榜する欧米発の無神論の議論は、日本ではピンとこないものになる。

しかし、《奇跡の神》《規律の神》に関しては日本で概ねそのまま通用する（《奇跡の神々》《規律の神々》と呼ぶべきだろう）。それらを取り巻く「マジカルな信念」「防衛的な信念」および「資本主義・テクノロジー」「国家・官僚的諸制度」も基本的に欧米の場合と同じ。

図B

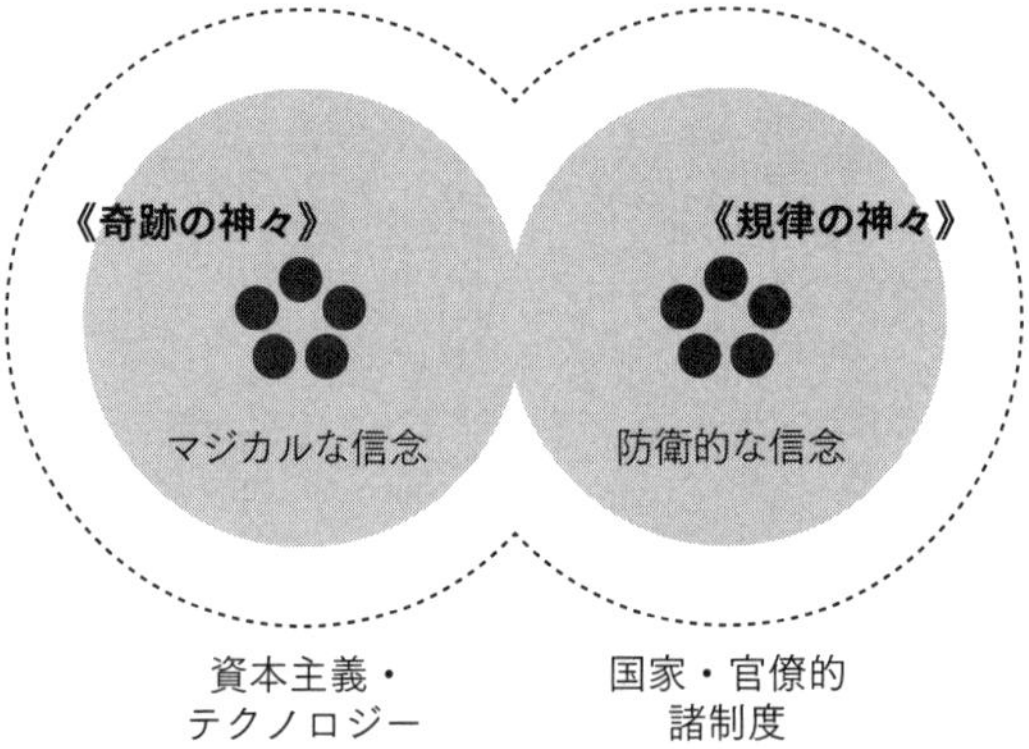

というわけで、図Bのようになる。

日本の場合、無神論者——というよりむしろ懐疑主義的知識人やジャーナリスト——が批判するのは、概ね、霊感商法などを行なう《奇跡の神々》や、靖国神社、教育勅語、正体不明の「江戸しぐさ」などをめぐる（疑似）復古的な《規律の神々》に対してである。

展望C——日本の究極概念

図Bでは《創造の神》に相当するものは存在しないとしておいた。だが、日本にも一神教の神に匹敵する究極概念がないわけではない。たとえば仏教の究極概念は、ホトケというよりもむしろ「空《くう》」である。この空は、裏面では「縁起」と呼ばれる。空と縁起はコインの両面とされる。

そこで図Cでは《創造の神》の位置に《空／縁起》を置いてみた。

《空／縁起》を日本の精神世界の究極概念とする図式はどこまで説得的だろうか？

空とは文字通りカラッポということであり、物事に実体がないことを意味する。一神教ではあらゆる物事の究極的な説明原理として神を持ち出し、それが充実した絶対なるものだと主張する。しかし仏教のベクトルは逆である。物事は究極的にはカラッポなのであり、

図C

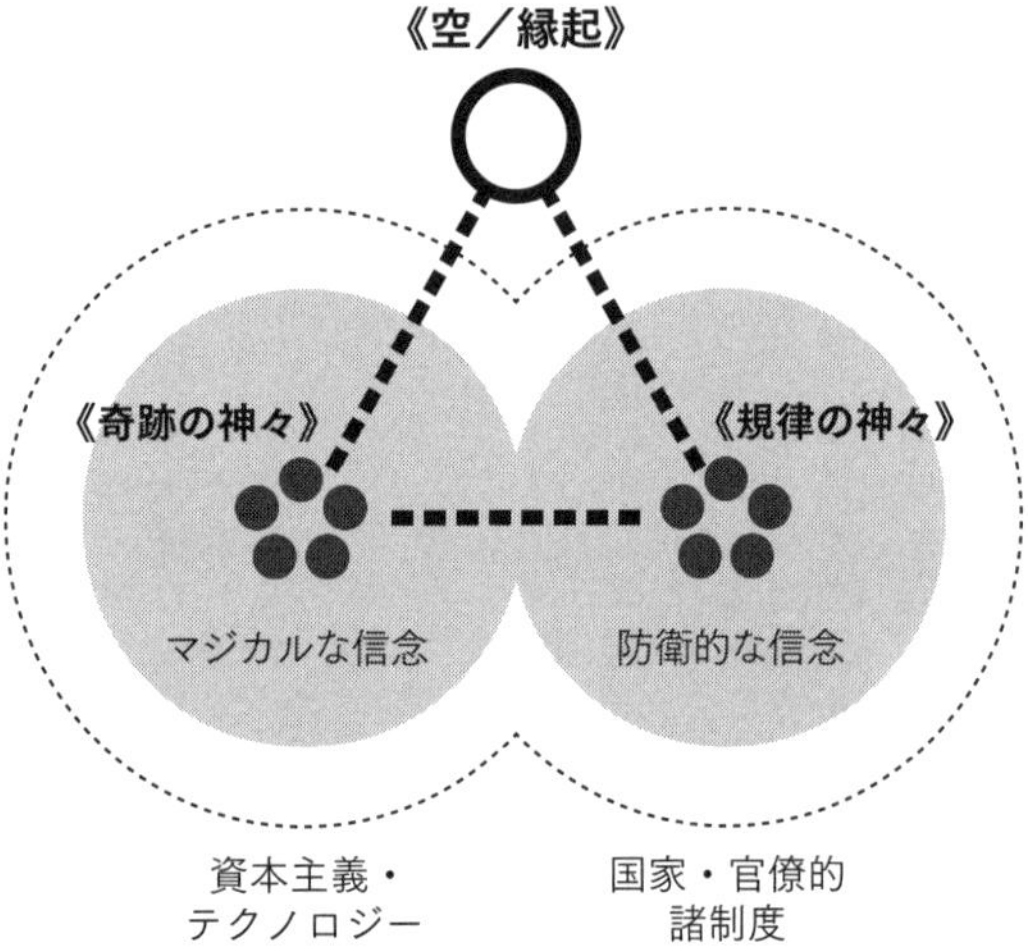

無実体なのである。神仏でさえ、ある種の機能（心の鏡や生命力のような）とされることが多い。

日本には無数の神仏が存在するが、いずれもキャラクターが弱い。釈迦も阿弥陀も大日も、神学レベルでは、実体性のある人格神というよりも、救いの「機能」に対する仮のネーミングという扱いである。神社の神々も、汎神論的あるいはアニミズム的に、自然や歴史のシンボルのようなものへと解消されていく傾向がある。

仏教では空を縁起から説明する。縁起――「縁って起こる」――は、相互依存関係を意味する。物体であれ、身体であれ、精神としての人間存在であれ、他のものとの相互関係で成り立っているのだから、それ自体としては無実体、カラッポ、空ということになる。関係性の思想（縁起）は、無実体の思想（空）と表裏一体なのだ。

相互依存関係というと難しそうに聞こえるが、日本社会にありがちな「あなたあっての私、私あってのあなた」的なモタレアイの構図や、「和をもって貴しとなす」的な和合の感覚のことを考えると分かりやすいかもしれない。これは神道のムスビ（産霊）の生成思想とも結合している。ムスビは生成の力でもあるが、縁結びの「結び」とも解釈される。やはり人間関係論だ。

神も仏も人間との相関関係の中での存在なのだから、神々の存在自体が条件次第なのでである。そんなわけだから「神は有るのか無いのか」という欧米流の無神論の議論を始めても、「有ると言えば有る、無いと言えば無い」みたいな禅問答になるのがオチなのだ。

この空／縁起は人格神ではないのだから、性質上、無神論者の批判の対象になりにくい。空／縁起にもツッコミどころがないわけではない。だが、議論はあくまでも哲学的なものとなる。一般市民を巻き込むような論争にはならないから、無神論者が啓蒙キャンペーンを張ることもない。

空／縁起について、黒崎宏は左の上のような形の、井筒俊彦と河合隼雄は左の下のような形の視覚的説明を試みている。いずれも直線が「縁起」の諸関係を、直線で囲まれた空白部分が、「空」であるのに実体と見える個物を示す。「空／縁起」が存在についての究極の見方であるように、一神教の「神」にも存在についての究極の見方としての側面がある。ここに含まれる対照やズレのようなものにも我々は留意すべきだろう。無神論があっさりと「神」を否定したとき、比較思想的、比較文化的な視点が失われてしまうのはもったいない（黒崎宏『理性の限界内の「般若心経」』、井筒俊彦『コスモスとアンチコスモス』、河合隼雄『ユング心理学と仏教』参照）。

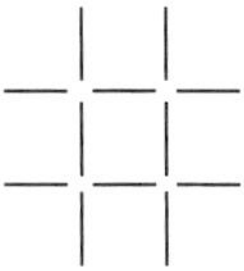

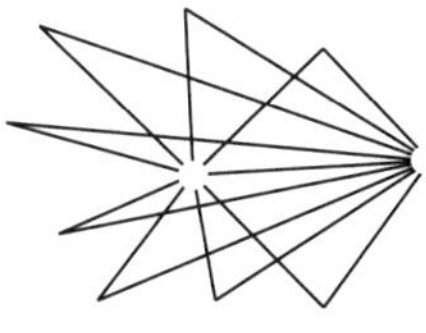

歴史的に見ると、一神教の神、仏教の空／縁起のそれぞれには、次のような文化的副産物があったように思われる。

一神教の神の概念は、実体をはっきりさせ、物事のシロクロ（二元的対立）をはっきりさせる姿勢と結びついてきた。これがさらに古代ギリシャ伝来の数理的伝統と結びつくことで、近代科学を生み出した。しかし対立を強調する思考は、神をめぐる保守とリベラルの思想的対立も生み出した。保守が超保守化することでファンダメンタリズムが生まれ、反科学の潮流が生まれた。リベラルが超リベラル化したのが無神論だ。こちらは反宗教を提唱している。文化現象としては、無神論もまた一神教の神信仰の派生物なのである。

これに対して、仏教の空の概念は、物事のシロクロをはっきりさせず、すべてを曖昧な相互依存関係の中で見ていく傾向を許容し、また涵養した。こうした伝統からは科学も合理的な民主的討論の制度も生まれない。面白いのは、仏教社会どこでも、科学を生み出さなかった一方で、科学を輸入することに抵抗が無かったことだ。何事にもぬらりひょんなところがあり、反進化論や反同性愛に血道を上げる原理主義者がいない一方で、無神論やLGBTの人権闘争で社会が燃えることもない。

《創造の神》と《空／縁起》を対照させるこうした図式はあくまでもここだけの仮説にすぎない。しかしこの図式は、伝統的な文化論の図式と無関係ではない。

昭和時代には、西洋と日本（あるいは東洋）とを対比する議論が流行した。西田幾多郎によれば、西洋は「有」の文化、日本は「無」の文化である。丸山眞男は聖書が「つくる」神話、古事記は「なる」神話であることに注目した。人類学者ルース・ベネディクトの「罪」の文化と「恥」の文化を対照させる理論はかなり流行した。ユング派の河合隼雄は西洋人は意識の中心としての「自我」に焦点をもち、日本人は無意識内の「自己」に焦点をもつというふうに図式化した。いずれも意志的でカッチリしたものと関係的で曖昧なものとの対照になっている。《創造の神》VS《空／縁起》の図式がこれら先達たちの対照と関係があることは、お分かりいただけるだろう。

欧米社会と日本のあらゆる文化の諸相をこうした観念の枠組みで捉えるのは行きすぎか

とも思う。それに世界には欧米と日本しかないわけじゃないだろう。それでも、無神論をめぐる彼我の違いについては、《創造の神》VS《空／縁起》の対照が有効だと思うのである。

メモ①——日本の宗教／無宗教をめぐって

日本の宗教／無宗教の状況について、思いついたことを以下に書き並べよう。

第一点。従来、キリスト教徒や知識人が、日本人が一神教の神を理解できないことを思想的欠陥のように言い立てる傾向があった。しかし、無神論が台頭してきたことで、実は欧米人にも神の概念などそれほどはっきりしたものではないことが見えてきた。創造、全知全能、歴史的介入、律法、奇跡、原罪と贖罪、審判、救済などからなる神の概念はアクロバット的に無理して構築されたものであって、それを支えているのは教会組織の権威構造なのである。神の存在証明の試みはいつも失敗していたのだが、そのことを神学者が気に病まずにいられたのは、論理よりも伝統の惰性のほうが重かったからだ。なんといっても大勢の信徒がいるという既成事実が大きかったのである。

ひとたびバランスが崩れて無神論が台頭してみると、伝統の磁場が破られ、神通力が消失する。晴れて人々は「私も神は分からない」と大きな声で言えるようになったわけである。日本人が最初からやっていたことだ。

日本人は「一神教コンプレックス」から解放されていい（一神教のロジックを教養として知っておくべきだとは思うが）。

第二点。第一点とはやや矛盾するようだが、やはり欧米人のイマジェリー（表象世界）には、唯一神のイメージが根強く存在しているとは言えそうだ。これに対して日本人の心に深く根を下ろしているかもしれないのは、空／縁起のレトリックである。いずれも、必ずしも神学者や教学者が主張するような、ドグマ的にかっちりとしたものではない。文化的訓育の結果としての思考の癖のようなものである。この場合、日本のクリスチャンや西洋的知識を代表する知識人の場合も、根っこのところでは、空／縁起型の思考で考えているんじゃないかと疑ってみる必要がある。

私は「集合無意識」のような神秘的なものを持ち出すつもりはない。ただ、言語（単語やレトリック）や文化、社会的慣習の全体が常に個人に対する訓育のプレッシャーとなって働き、「それらしい」人生観を語らせるという、神秘的でも何でもない力学が常に働いているだろうと思うのである。

欧米人は欧米社会のプレッシャーの中で、シロクロの自己主張をはっきりさせ、悪を退け善を求めて神の栄光に与ることを目指す人生の物語を真顔で語るようになる。日本人は日本社会のプレッシャーの中で、自己のアイデンティティを曖昧化させ、物事はすべて相関関係の中で流れてゆき、無常の時の中で消えていくかのような人生の物語をしみじみと語るようになる。

第三点。欧米の無神論はすべて、多少の変更を加えることで日本の精神世界にも適用することができる。しかし、空／縁起の相対主義の中にある日本では、宗教と世俗との境界は欧米以上に曖昧だ。だから無神論の議論は、とくに「神」に焦点を結ばない知的懐疑主義一般へと再構成されることになるだろう。

無神論者のほうでは、仏教という変幻自在の思想的伝統に対する批判の準備ができていないように見受けられる。トピックとしては、空や縁起や唯心論的なロジックの当否が問題になるが、これは完全に哲学的主題である。実践レベルでは、「悟り」や「解脱」の申し立てがあくまでも心理的印象かレトリックのようなものなのではないかと――つまり厳密には悟りなど存在しないのではないかと――ツッコミを入れることができる。その他、加持祈禱や輪廻信仰も、非合理的なものとして批判できる（《奇跡の神々》）。戦前の仏教界は国家主義とも結びついた。儒教と習合した日本仏教には案外とナショナリスティックなところがある。そうした側面も批判対象となるだろう（《規律の神々》）。

メモ②――無神論運動について

欧米で台頭中の無神論については、私は次のように考えている。

第一点。哲学的・科学的な議論としては、無神論者の主張は基本的に妥当なのだと思う。神の存在は論証できない。仮に論証できたとしても、意味がないほどに薄い概念としての神でしかない。歴史的な具体性をもつ神については、聖書やコーランなどの教典の内容自体が、象徴や比喩として以上の意味をもち得ない。道徳の根拠とすることは問題がある。奇跡や呪術はトンデモ系として処理できる。

第二点。しかし現代史のムーブメントとしての無神論運動に対しては、次のような疑問を常に発し続ける必要があると思う。

(ア) 無神論というのは論理的推理であるから、直観的に分かるものではない。自分で徹底的に考えることではじめて真の納得に行き着くものだ。しかし、世の中のほとんどの人はこうした論理パズルに興味があるわけではないし、聞いてもよく分からない人だって多いだろう。これに対して、主に感情に訴える宗教は、圧倒的に有利である。だからこそ無神論者は絶えざる啓蒙が必要だと考えるわけだが、しかしまた、だからこそ社会は常に宗教的なものに染まったままであり続けるに違いない。

ここで大事なのは、「無神論者」を名乗っている人でも、ドーキンスなどの権威のお墨付きによって無神論者になっている場合が多いだろうということだ（75ページ）。無神論運動にも、どこかしら宗教運動に似た性質がつきまとうと考えなければならないだろう。もちろん無神論の知的論客たちはカルトの教祖のように、頭ごなしの権威主義をふりかざすわけではない。しかし、権威の構造がある限り、そこには宗教性があると見るのが妥当である。

(イ)　宗教のリーダーもまた、自分たちの信者が多様であることを心得ている。その中には常に一定数、「狂信的」な人々がいる（とくに入信したての人々）。また、知的階層が得意とする難しい話など結局理解する暇をもたない人々も多いことを知っている。そのような共同体の全体に対して、相互に仲良くなるようにほどほどに導くというのが、牧師や神父や僧侶の経営者的あるいは政治家的な腕前となっている。リベラルな教団の知的指導者の中には、実質的に「神を信じる」よりも「信仰を信じる」（269ページ）に近い状態の人々も多いのではないかと思われる。彼らは悲惨な状況からの「駆け込み寺」を求めている人々に配慮し、彼らが原理主義的な信仰を抱いていても頭ごなしに否定しない。

それゆえ、宗教家の物言いは、常にどこか政治家や外交官の物言いに近い。無神論者が宗教家を相手にシロクロを迫る議論をしても曖昧な答えしか返ってこないのは、宗教家が馬鹿だからなのではない。このような政治力学の意味についても、運動家としての無神論者はもっと考慮すべきだろう。

(ウ)　以上のような共同体的配慮、政治的配慮というものを無神論者は嫌うかもしれない。というか、無神論者は基本的に、伝統的な意味での共同体というものに対して否定的なのではないだろうか。無神論の知的リーダーは国際的科学者であったり、国境を超えて活動している人が多い。彼らは有能であり、無神論について著作し講演するだけでも食べてゆける人たちだ。無神論者たちがグローバル化のある種の勝者であり、個人主義者であり、従来のリベラルも保守も相対化するリバタリアンであるということは、それ自体一つの階級の存在を思わせるものだ（もちろん俗界でも宗教界でも知的指導者は一般にそういう傾向をもっている）。

伝統的共同体のもつ抑圧や没論理性や排外主義や人権蹂躙を批判し続けることには意味があるし、もちろん火急の必要がある場合も多い。しかし、伝統の惰性の中でしか当面生きられない人々が世界の人口の大半であるということへの文化的ないし政治的配慮が、結局は必要となってくるだろう。何といっても、現代社会における（無神論台頭とは裏腹な）宗教的情念の台頭は、グローバル主義への反発という側面が強いのである。

子供向けの無神論ガイド。ジェシカ・ソープ著。神の存在、生物の進化、死後の世界、無神論者への差別などについて、簡潔にまとめたリーフレットだ。興味深い点は、死についての無神論者の考えを、「再び大地（地球）の一部になること」とし、「慰めになる」とも書いてあることだ。しかし我々は生きているときから地球の一部である。「再び」というのはあたかも我々の霊魂が自然に帰一するかのような書き方である。これはむしろアニミズムか汎神論ではないだろうか？　子供たちを怖がらせないための配慮だとすれば、無神論にも認識的な厳密性よりも共同体的配慮を重んじる立場があることになるだろう。

(エ)　無神論の説得により、人々が宗教への忠誠を棄てても、《奇跡の神》や《規律の神》をめぐる宗教的欲求が世の中から消えてなくなることはないだろう。あれこれの宗教のドグマは衰えても、無定形の宗教の情念が衰えることはないと、少なくとも宗教学者や社会学者たちは踏んでいる（宗教には教理としての側面と心理的欲求の側面がある）。だとすると、キリスト教やイスラム教や仏教の、それなりに歴史的な実績のあるドグマや習慣の体系をまるで知らない新たな無宗教世代は、宗教的ロジックに対する無知のゆえに、かえってカルト的な教説にはまりやすい「隙」を抱えてしまうかもしれない。

日本でオウム真理教事件が起きたのは、明らかに伝統的仏教の権威の衰えと関係がある。イスラム過激原理主義者の台頭もまた、伝統的なイマームの権威の衰退と無関係ではない。

伝統的な宗教には、宗教に狂っている人を「脱宗教」化する働きもあるということは、無神論者はあまり意識していないようだ。藁をもつかむ気持ちで宗教に走りたい人は、無神論者の啓蒙的なアドバイスになど最初から耳を傾けないだろう。

(オ) 無神論の啓蒙によって、キリスト教もイスラム教もヒンドゥー教も仏教も儒教も神道もすべて一様に退けてしまった場合、文化圏ごとの思考の差異のようなものを論題に載せにくくなるだろう。たとえば、本書で論じたような、有神論と無神論が対立する欧米社会と、宗教に関する姿勢が曖昧な日本社会との文化的構造の違いが見えなくなる。日本人の目から見れば、無神論文化もまたキリスト教というメインカルチャーの一翼を担うサブカルチャーなのである。神様があるか無いかなどより、キリスト教的な思考と習慣の文化、イスラム教的な思考と習慣の文化、仏教的な思考と習慣の文化……の文化的・社会的差異のほうが大きな意味をもっているのではないだろうか?

というわけで、本書では、無神論のロジックに共鳴しつつも、広義の「政治」の視点や、文化や社会の違いという問題意識をもって、無神論を相対化する方向で話を進めてきた次第だ。

我田引水的な言い方になるが、これもまた、あらゆるものの相互関係を重視する空/縁起型の日本的思考のなせるわざだと、筆者自身は認識している。

コラム

是枝裕和『歩いても　歩いても』に潜む宗教性

宗教というと派手で組織的で自己主張の強いものを考えてしまう。しかしそれは氷山の一角であり、実際には一般社会の習俗という形で分散的に広まっているもののほうが宗教の母体なのではないだろうか。アニミズムを基盤にもつ日本のような国においてとくにそう言えるが、基本的には一神教世界でも同様だろう。

日常の中の宗教性

そんな曖昧系のスピリチュアリティを垣間見せてくれるものとして、最後に是枝裕和監督の映画作品『歩いても　歩いても』（二〇〇八年）に目を通してみたい。阿部寛が主役を演じ、樹木希林が絶妙な味を出している、名優揃いの秀作である。

映画『歩いても　歩いても』

あらすじはこうだ。

夏の日、主人公良多が、妻とその連れ子とともに、三浦半島の実家を訪れる。姉夫妻とその子供たちも来ている。

父は引退した開業医であり、医師を継がなかった良多に不満を抱いている。

この日は一五年前に死んだ兄純平の命日である。医師であった兄は帰省の際に、海で溺れる少年を救助して亡くなった。その少年は今は青年となり、例年通りお参りにやってくるのだが、なごやかな雰囲気の中でも「針のむしろ」状態である。

その晩、母は室内に入り込んだ蝶を純平だと言って追いかける。良多は母のこのちょっとした狂態に驚く。そのあと、近所から急患の電話がかかるが、引退した父は救急車を呼べと伝える。良多は父の衰えを目の当たりにする。

翌日、良多夫妻は帰っていく。両親は正月にまた会えることを楽しみにしているのだが、良多は結局訪れなかった。数年後両親はそれぞれ亡くなり、その墓参りのシーンで映画は終わる。

いかにも平成時代の家族の日常的風景であり、おそらく多くの日本人が、シチュエーションも会話もまったく自然なものだと感じるだろう。

宗教学的ポイント

このささやかなドラマのどこに「宗教」があるのか?

【墓参り】まず、明示的に宗教的であるのは、霊園での墓参りと実家の居間の仏壇での焼香だろう。現代日本での宗教行事はほとんど葬式・法事に限られている。日本人は「死」の神話の周辺にまで宗教を切り詰めた。墓参りなどはふつう習俗と認識されている。それは悟りを重視するはずの公式の仏教の教理から見ても傍系であるし、イスラム主義や新宗教運動などの強烈なシーンに比べれば、まったく微温的なものにすぎない。無神論者にとってみれば、これはやはり習俗レベルの問題であって、宗教批判の対象にはならないかもしれない。そのあたり、一般の日本人の認識とかけ離れたものではない。

【蝶と霊魂】強い宗教性を感じさせるのは、樹木希林の演ずる母の「蝶々騒動」である。母によれば冬に死ななかった白い蝶は黄色い蝶になる。つまり蝶が永生の心理的シンボルとなっている。そして家族の集まった命日にまさしく黄色い蝶が屋内に入り、仏壇の遺影にとまったのだ。これは純平（の魂）に違いない、と母は言う。良多は母がボケたかと思ったかもしれないが、その母の気持ちもよく分かるだろう。

そもそも「蝶が純平であるはずがない」のであれば、「墓の下に純平がいるはずもない」のであり、墓参りを支えている神話が成り立たなくなる。日中の墓参りでは、母は墓に水をかけながら「今日は一日暑かったから気持ちいいでしょう」と声をかけているが、この仕草を不自然とは日本人は考えないだろう。墓参りを許容できるならば、母のプチ狂乱も許容できるのではないか？

これは厳密には第4章の3節、《奇跡の神》のところで分析したような、マジカルな信念であり、無神論者や懐疑主義者としては駆逐の対象となるような思想であり行為である。だが、そこまでやる必要は、たぶんない。死者の霊の神話は、家族が集まり、昔を思い、互いの情念を確かめ合う契機なのである。日本の宗教学者は、宗教におけるカミとは実は社会のことなのだと考えていることが多い。このあたり、無神論者としては扱いにくい領域なのではないかと思う。

【怨念と儀礼】蝶という永生のシンボルはまた、母の恨みの気持ちとつながっている。母は純平の命と引き換えに助かった少年を決して「許して」いない。それは父も同じである。こうした感情はキリスト教的な隣人愛などの対極にあるもの――したがって宗教ではなく俗なるもの――だと思われるかもしれない。だが、こうした怨念にタックルするのが宗教であるとすれば、実は良多の母だって十分に自らの怨念と取り組んでいることに注意すべきである。

母とて元少年を責めてもしょうがないことは十分承知だ。だが、あまり人生に真剣に取り組んでいるように見えない元少年が毎年の命日の日くらいは肩身の狭い思いをするという、懺悔の行事があってもいいと思っている。それは怨念晴らしではあるが、抑制が効いている。これは――いいか悪いかは別にして――十分に宗教的な行為だと私は思う。隣人愛を説くクリスチャンが、口先で何を言ったところで自分の情念をコントロールできているわけではないことは、ユングなども指摘するところである。

たとえ無神論が宗教を駆逐したところで、情念の問題が残る。このような情念の儀礼を人間はいつまでも演じ続けるのではないだろうか。

（なお、母はかつて父が不倫したことに対する恨みももっている。「歩いても　歩いても」はいしだあゆみのヒット曲『ブルー・ライト・ヨコハマ』の歌詞の一部だが、この曲は不倫事件の思い出と結びついている。レコードを聴くこともまた、母にとっては怨念と取り組む儀礼なのだ。）

【仕事の信仰】この映画に《奇跡の神》の要素があるとすれば、《規律の神》の要素もある。それは職業的に不安定な良多に対する父の不満の形で描かれている。昭和の男たちは、仕事あってこその男だという意識を強くもっていた。父親は、まともな就職もできないでいる元少年を蔑み、（本人の前ではないが）「あんなくだらん奴」と言っている。規律信仰は人間に序列をつけるものだ。平成時代にはもはや昭和のような経済的繁栄は享受できないのだが、父の世代はそのこともたぶん理解できていないのだろう。父の情念は、アメリカや日本の宗教保守の「古き良き時代」の憧憬や規律の信仰とつながっている。無神論者はファンダメンタリストの突拍子もない主張は退けたとしても、世の中には良多の父のような感情が常にあることを認識したほうがいい。

【時の流れ】最後に、おそらく最も大事なことであるが、この映画には仏教的な無常観がある。この映画は良多の母や父の情念のドラマである。そして年月がたち、父も母もこの世から去り、墓参りする良多はすでに蝶の越年の話を誰から聞いたか思い出せなくなっている。この「時の流れ」の感覚、無常観はやはり仏教的なものだと私は思う。それは決して建設的なものではないが、といって、陰鬱なものでも、ニヒルなものでもない。それどころか無常観はこの映画のようにユーモラスなものでさえあり得る。「神なき世界は虚無だ」と思いつめがちな一神教の世界とは異なる存在カンカクがここにはあるのではないだろうか。それはやはり《縁起》的な世界観だと私は思うのだ。

一神教世界とは異なる霊妙な精神世界があるということが、有神論VS無神論の対立によって見えなくなるとすれば、それは残念なことである。いや、もしかしたら欧米における無神論の台頭は、かえって『歩いても　歩いても』のような微妙な宗教性に注目する意識構造を欧米社会の中にもたらすことになるかもしれない。宗教的ドグマは破壊されても、宗教的情念が消えてなくなりはしないからである。ファンダメンタリストや宗教テロリストの爆発的な情念ばかりが情念なのではない。

ふつうの映画、小説、漫画、アニメの中に日本人の宗教性の特徴を見出すことは可能だ。映画『おくりびと』（滝田洋二郎監督）は仏教やキリスト教の教理とは無関係の死の儀礼を描いた。村上春樹の主人公は、ピンボールに夢中になったりスパゲッティをゆでたり「巡礼」の旅に出たり、個人的な儀礼によって日常の穢れを祓う。羽海野チカの漫画『3月のライオン』は少年棋士の日常を通じて「平常心是道」の視点からいじめ問題などの「縁起」的相互関係を読み解いている。宮崎アニメは、象徴的な八百万の神々が登場する対立と怨念の「鎮め」の世界だ。いずれも微妙な宗教性を示すものであり、いずれも海外においても評価されていることに注目したい。

中江兆民『一年有半・続一年有半』、1995、岩波文庫
バートランド・ラッセル『宗教は必要か』、大竹勝訳、1968、荒地出版社
――『宗教から科学へ』、津田元一郎訳、1965、荒地出版社
ボビー・ヘンダーソン『反・進化論講座　空飛ぶスパゲッティ・モンスターの福音書』、片岡夏実訳、2006、築地書館
堀江宗正、西村明、藤原聖子、池澤優編『いま宗教に向きあう』1～4、2018、岩波書店
リチャード・ドーキンス『神は妄想である』、垂水雄二訳、2007、早川書房
ロバート・T・キャロル『懐疑論者の事典』上下、小久保保温、高橋信夫、長澤裕、福岡洋一訳、2008、楽工社
Armin Navabi, *Why There Is No God – Simple Responses to 20 Common Arguments for the Existence of God*, 2014, Atheist Republic, USA
Christopher Hitchens, *God Is Not Great – How Religion Poisons Everything*, 2007, Twelve, New York
――*The Portable Atheist – Essential Readings for the Nonbeliever*, 2007, Da Capo Press, USA
――*Arguably*, 2011, Twelve, New York
――*The Missionary Position – Mother Teresa in Theory and Practice*, 1995, Atlantic Books, London
David G. Mcaffee, *No Sacred Cows – Investing Myths, Cults, and the Supernatural*, 2017, Pitchstone Publishing, Durham, North Carolina
Edward J. Larson, *Summer for the Gods – The Scopes Trial and America's Continuing Debate over Science and Religion*, 1997, Basic Books, New York
Hemant Mehta, *The Young Atheist's Survival Guide – Helping Secular Students Thrive*, 2012, Patheos Press, Englewood, Colorado
Jessica Thorpe, *Atheism for Kids*, 2016, Winter House Books, USA
Sam Harris, *The End of Faith – Religion, Terror, and the Future of Reason*, 2005, Free Press, London
Stephen Fry（Foreword）, *Dawkins Dennett Harris Hitchens – The Four Horsemen – The Discussion that Sparked an Atheist Revolution*, 2019, Bantam Press, UK
Steve Wells, *The Skeptic's Annotated Bible – The King James Version from a Skeptic's Point of View*, 2013, Sab Books, USA

参考文献

アラン・ソーカル、ジャン・ブリクモン『「知」の欺瞞　ポストモダン思想における科学の濫用』、田崎晴明、大野克嗣、堀茂樹訳、2000、岩波書店
アリスター・E・マクグラス、J・C・マクグラス『神は妄想か？　無神論原理主義とドーキンスによる神の否定』、杉岡良彦訳、2012、教文館
アンリ・アルヴォン『無神論』、竹内良知、垣田宏治訳、1970、白水社
井筒俊彦『コスモスとアンチコスモス　東洋哲学のために』、1989、岩波書店
イルゼ・ゾマヴィラ編『ウィトゲンシュタイン哲学宗教日記　1930-1932／1936-1937』、鬼界彰夫訳、2005、講談社
エリザベス・F・ロフタス、K・ケッチャム『抑圧された記憶の神話』、仲真紀子訳、2000、誠信書房
カール・サバー『子どもの頃の思い出は本物か　記憶に裏切られるとき』、越智啓太、雨宮有里、丹藤克也訳、2011、化学同人
カール・バルト『知解を求める信仰　アンセルムスの神の存在の証明』、吉永正義訳、2015、新教出版社
カール・マルクス『ユダヤ人問題によせて　ヘーゲル法哲学批判序説』、城塚登訳、1974、岩波文庫
カレン・アームストロング『神の歴史　ユダヤ・キリスト・イスラーム教全史』、高尾利数訳、1995、柏書房
河合隼雄『ユング心理学と仏教』、2010、岩波書店
ジョルジュ・ミノワ『無神論の歴史』上下、石川光一訳、2014、法政大学出版局
スピノザ『神学・政治論』上下、吉田量彦訳、2014、光文社
ジョン・ヒック『宗教の哲学』、1994、間瀬啓允、稲垣久和訳
竹下節子『無神論　二千年の混沌と相克を超えて』、2010、中央公論新社
ダニエル・C・デネット『解明される宗教　進化論的アプローチ』、阿部文彦訳、2010、青土社
デイヴィッド・ヒューム『宗教の自然史』『自然宗教に関する対話』『奇蹟論・迷信論・自殺論』、福鎌忠恕、斎藤繁雄訳、それぞれ1972, 1975, 1985、法政大学出版局
トーマス・ディクソン『科学と宗教』、中村圭志訳、2013、丸善出版

ディスカヴァー携書 214

西洋人の「無神論」日本人の「無宗教」

発行日　2019年4月30日　第1刷
　　　　2019年6月19日　第2刷

Author　中村　圭志

Book Designer　石間　淳

Publication　株式会社ディスカヴァー・トゥエンティワン
〒102-0093　東京都千代田区平河町2-16-1 平河町森タワー11F
TEL　03-3237-8321（代表）　03-3237-8345（営業）
FAX　03-3237-8323
http://www.d21.co.jp

Publisher　干場弓子
Editor　藤田浩芳

Marketing Group
Staff　清水達也　千葉潤子　飯田智樹　佐藤昌幸　谷口奈緒美　蛯原昇
安永智洋　古矢薫　鍋田匠伴　佐竹祐哉　梅本翔太　榊原僚
廣内悠理　橋本莉奈　川島理　庄司知世　小木曾礼丈　越野志絵良
佐々木玲奈　高橋雛乃　佐藤淳基　志摩晃司　井上竜之介　小山怜那
斎藤悠人　三角真穂　宮田有利子

Productive Group
Staff　千葉正幸　原典宏　林秀樹　三谷祐一　大山聡子　大竹朝子
堀部直人　林拓馬　松石悠　木下智尋　渡辺基志　安永姫菜　谷中卓

Digital Group
Staff　伊東佑真　岡本典子　三輪真也　西川なつか　高良彰子　牧野類
倉田華　伊藤光太郎　阿奈美佳　早水真吾　榎本貴子　中澤泰宏

Global & Public Relations Group
Staff　郭迪　田中亜紀　杉田彰子　奥田千晶　連苑如　施華琴

Operations & Management & Accounting Group
Staff　小関勝則　松原史与志　山中麻吏　小田孝文　福永友紀　井筒浩
小田木もも　池田望　福田章平　石光まゆ子

Assistant Staff　俵敬子　町田加奈子　丸山香織　井澤徳子　藤井多穂子　藤井かおり
葛目美枝子　伊藤香　鈴木洋子　石橋佐知子　伊藤由美　畑野衣見
宮崎陽子　並木楓　倉次みのり

Proofreader　文字工房燦光
DTP　有限会社マーリンクレイン
Printing　共同印刷株式会社

ISBN978-4-7993-2463-9

携書ロゴ：長坂勇司
携書フォーマット：石間　淳